LES RÉVÉLATIONS

DE

SAINTE HILDEGARDE

OU

LE SCIVIAS DOMINI

MANIFESTÉ PAR LE RAPPROCHEMENT DE SES VISIONS
COMBINÉES ENTRE ELLES

Par Pierre LACHÈZE

(de Paris)

La force, sans conseil, n'est plus
qu'un poids qui tombe.
(Épigraphe de l'édition de Cologne.)

PARIS

VICTOR PALMÉ, LIBRAIRE-ÉDITEUR

RUE SAINT-SULPICE, 22

1863

DIEU SEUL!

A NOTRE-DAME DES ANGES.

Grande Reine du paradis, souveraine des bienheureux esprits qui jouissent d'un repos éternel et d'une félicité incompréhensible : prosterné à vos PIEDS, le lieu de tout secours où les plus grands pécheurs trouvent leur refuge, les plus persécutés leur asile, les plus affligés leur consolation, les plus faibles leur appui, les plus abandonnés une puissante protection ; PIEDS sacrés (1) ! où l'infidèle rencon-

(1) Cette dédicace est tirée de la *Dévotion aux neuf chœurs des saints Anges*, par Boudon, grand archidiacre d'Évreux, laquelle est mise sous les yeux de l'auteur au moment où il termine la 11e vision du

tre la Foi, l'hérétique la soumission à la sainte Église catholique, le pécheur sa conversion, le tiède la ferveur, l'aveugle la clarté, l'impuissant la vertu et la force, le juste la véritable sainteté : PIEDS glorieux! où les âmes les plus éminentes puisent les plus belles lumières du paradis, apprennent les plus pures maximes de Jésus-Christ Dieu, votre Fils, s'instruisent des plus solides vérités de la religion, sont embrâsées des plus vives flammes du pur amour, et se trouvent revêtues d'une justice consommée : aimables PIEDS! où je veux vivre et mourir, comme aux PIEDS de ma bonne et fidèle MAITRESSE; prosterné, dis-je, à vos PIEDS, ô ma puissante Protectrice, je vous y offre et vous y donne, et je

IIIe livre : il y est question des PIEDS de l'Épouse. On verra par le corps de cet ouvrage que les Anges sont représentés dans toutes les images qui y figurent l'Eglise. 13e vision, IIIe livre.

vous y dédie et consacre ce *petit ouvrage* tout dédié et consacré en l'honneur de tous les neuf chœurs des Anges, vos fidèles sujets et les plus illustres Princes de votre divine cour. Comme vous êtes leur aimable Princesse, leur auguste Impératrice et glorieuse Dame, c'est avec justice que je dédie à vos grandeurs ce qui regarde leurs intérêts et ce qui touche leur gloire : et puis, ma sainte Dame, vous savez que je n'ai rien qui ne soit à vous ; c'est une vérité, qu'il m'est doux de répéter, et de publier hautement en toutes sortes d'occasions, tenant à un honneur incomparable la qualité de votre SERVITEUR, que je veux conserver inviolablement, et que je préfère de toute l'étendue de mon cœur à tout ce qu'il y a de plus grand et de plus glorieux sur la terre. Bénissez, ô la toute sainte ! ce *petit ouvrage*, y étant intéressée comme à une chose qui vous appartient et qui est toute à vous. Obtenez une onction de grâce à ceux qui le liront; faites, en la vertu de Jésus, votre Fils bien-aimé, qu'il serve à établir et à accroître la dévotion à tous les chœurs des Anges pour l'honneur et la gloire de Dieu notre principe et notre fin en toutes choses. Dieu seul ! Dieu seul! Dieu seul!

AU SOUVERAIN-PONTIFE PIE IX.

Très-saint Père,

Ce fut en 1846, la première année de votre glorieux Pontificat, que j'eus l'insigne honneur et l'indicible joie de recevoir pour la première fois un Bref signé de votre propre main, très-vénérable Pontife, en réponse à l'envoi que j'avais fait à Votre Sainteté du livre intitulé : Le *Retour des Juifs,* ou *Accomplissement de tous les anciens Prophètes,* qui est la suite du livre que j'avais composé sous le titre : La *Fin des temps*

ou *Accomplissement de l'Apocalypse.*
Depuis, ayant édité le livre intitulé
l'*Évangile dans son unité,* qui est une
concordance des quatre Évangélistes, je
reçus de nouveau la faveur d'une Bénédiction Apostolique dans des Lettres la-
tines signées de votre Révérend Secrétaire,
son Éminence le Cardinal Fioramonti.
J'eus encore la témérité de vous envoyer
deux autres ouvrages, l'un intitulé : La
*Perfection chrétienne d'après l'Imitation
de Jésus-Christ,* l'autre : *Le Système du
monde d'après Moïse.*

La hardiesse de cette dernière pro-
duction me faisait pressentir que je ne
pouvais espérer la faveur d'une réponse ; mais aujourd'hui que ce système
paraît avoir été prévu par sainte Hildegarde, je me permets de vous offrir,
très-saint Père, la traduction que j'ai
faite d'une partie des écrits de cette
Sainte, à savoir du livre intitulé :
Scivias.

J'avouerai que, il y a six ans, j'essayai de traduire cet ouvrage, mais je fus comme ébloui de ces célestes visions, et ne pus en trouver l'éclaircissement dans les explications qu'en donne elle-même la Sainte. J'avais donc pour toujours renoncé à cette interprétation, que je croyais impossible, lorsque le jour de l'Immaculée Conception 1862, jetant les yeux sur les trois premières visions, je retrouvai sous l'allégorie de la troisième la reproduction du *Système du monde,* tel que je l'avais conçu et édité depuis cinq ans. Encouragé par ce puissant témoignage d'outre - tombe , partant d'une voix qui avait captivé l'attention d'un saint Bernard, et qui avait mérité d'être approuvée par le Concile de Trèves, sous le Pontificat d'Eugène III de glorieuse mémoire, je continuai l'entreprise, sans oser espérer de la mener à bonne fin.

Mais, grâce à Dieu, j'ai suivi dans

leur contexte les vingt-sept Visions de sainte Hildegarde, sans me servir des explications qu'elle en donne à ceux de son temps, et je suis parvenu à trouver un sens à ces révélations, en combinant entre elles les différentes parties qui composent ce livre mystique et mystérieux.

Le but général de l'ouvrage est de montrer les miséricordes que le Seigneur veut répandre sur la terre avant l'apparition de l'Antechrist. Le tableau représente les règnes du grand Pontife et du grand Monarque, qui doivent rétablir l'Église dans le plus bel état de splendeur par la conversion de tous les peuples et même des Juifs à la religion du bien-aimé Jésus. Les moyens pour arriver à cet heureux résultat sont la manifestation du Système du monde, la déclaration du dogme de l'Immaculée Conception et l'union de toutes les Églises de tous les temps et de tous les lieux à l'Église des derniers temps ; ou plutôt l'unique Église, la digne Épouse de Jésus-Christ reprend toutes ses formes et toutes ses forces pour la prédication de l'Évangile par toute la terre avant l'apparition de l'infernal et personnel Antechrist.

J'ai conservé dans ma traduction, autant qu'il m'a été possible, l'intégrité d'un texte qui a reçu la sanction de l'Église, et j'ai su, du moins je l'espère, pallier les images nuageuses des visions célestes, tout en leur conservant leurs divers caractères, qui en font reconnaître la logique et toute chaste interprétation. Les quelques notes parsemées au bas des pages, laissent subsister dans leur entier et sans interruption, les magnificences de ces sublimes révélations.

Mais, comme en toutes choses l'homme est faillible, je soumets à votre autorité comme à celle de l'Église ma traduction, mon interprétation, mes réflexions,

1*

souhaitant de tout mon cœur qu'il n'y ait rien qui puisse le moins du monde offenser la Foi ou les bonnes mœurs.

C'est dans ce dessein que j'implore, très-aimé et très-vénéré Pontife, votre Bénédiction Apostolique, qui m'a déjà plus d'une fois porté bonheur.

Le 20 février 1863.

PIERRE LACHÈZE (de Paris).

ÉLOGES

Par l'Église et les saints Docteurs

DE SAINTE HILDEGARDE

RELIGIEUSE DE L'ORDRE DE SAINT-BENOIT.

Extrait du Martyrologe romain, 17 septembre.

A Binghen, diocèse de Mayence, sainte Hildegarde, vierge.

Baronius là même : elle parut vers l'an 1160.

Jean Molanus aux Additions d'Usuard,
17 septembre.

A Binghen, sainte Hildegarde vierge, qui du temps de saint Bernard répandit au loin l'odeur de sa sainteté.

Extrait du Martyrologe de Pierre Canisius ,
17 septembre.

« A Binghen, diocèse de Mayence, mort de sainte Hildegarde, vierge et abbesse, qui du temps de saint Bernard et de l'empereur Conrad II fut en si grande réputation de sainteté que les Souverains-Pontifes Eugène III, Anastase IV et

Adrien IV lui ont envoyé des lettres, et se sont recommandés eux et l'Église Romaine à ses prières. Étant entrée dès l'âge de cinq ans, en 1140, au monastère, elle commença à servir Dieu dans les jeûnes et la prière. Ensuite elle eut des visions admirables et des révélations divines; et quoiqu'elle n'eût pas appris la langue latine, elle dictait sous l'inspiration du Saint-Esprit ce qu'on devait écrire. Enfin elle mourut au monastère du mont Saint-Rupert, qu'elle avait elle-même fondé, et qu'elle avait dirigé comme abbesse pendant quarante ans. Elle y fut ensevelie, et fut célèbre par ses miracles. »

Extrait du Martyrologe de Arnold de Wion,
17 septembre.

« A Binghen, mort de sainte Hildegarde, vierge et abbesse, qui du temps de saint Bernard répandit au loin l'odeur de sa sainteté. »

Et le même Arnold de Wion, *Livre cinquième du livre de vie, 9e rameau de l'arbre, qui traite des Prophéties,* ajoute :

« Lorsque sainte Hildegarde fut parvenue à l'âge de quarante-deux ans, elle fut si visiblement enflammée et remplie du divin amour et de la grâce du Saint-Esprit, qu'elle comprit en ce moment la suite de tous les livres catholiques ant de l'Ancien que du Nouveau Testament, bien qu'elle n'eût rien appris auparavant, si ce n'est le Psautier. Ses écrits et ses prophéties eurent une si grande autorité, que, sur la demande de saint Bernard, abbé de Clairvaux, le Pape Eugène III les a confirmées au concile de Trèves, en présence de dix-huit cardinaux et de plusieurs prélats. Ce Pape et ses successeurs Anastase IV, Adrien IV, Alexandre III lui ont adressé des lettres, et se sont recommandés eux et l'Église Romaine à ses prières. »

Le Pape Eugène III. Extrait chap. 4 de la vie de sainte Hildegarde, dans Surius. 17 septembre.

« Au concile de Trèves, après avoir entendu le rapport du Révérend Évêque de Verdun et des autres commissaires, le Pape ordonna que les écrits de la Bienheureuse Hildegarde, qu'il avait reçus de ce monastère, lui fussent présentés. Et, les tenant dans ses mains, et remplissant les fonctions de lecteur, il les lut publiquement à l'archevêque, aux cardinaux et autres membres du clergé qui étaient présents ; et, produisant les réponses des hommes chargés d'examiner l'affaire, il porta tous les esprits à en rendre grâce et gloire au Tout-Puissant. Était aussi présent à cette recommandation Bernard, abbé de Clairvaux, dont la médiation aidée d'autres personnages, engageait le Souverain-Pontife à ne pas laisser passer inaperçue une si belle lumière, mais à confirmer par son autorité une si grande grâce, que le Seigneur voulait manifester de son temps. A cela le Saint-Père donnant son assentiment avec autant de bonté que de sagesse, écrivit des lettres pleines de bienveillance à la bienheureuse Vierge, dans lesquelles il l'encouragea, et lui donna sous l'autorité du Christ et de Pierre, toute permission d'écrire ce que le Saint-Esprit lui faisait connaître. »

Jean de Salisbury. Tom. 12 de Baronius, an 1148 n° 33.

« *Envoyez-moi* les Visions et les Oracles que vous avez de la Bienheureuse Hildegarde, cette illustre Sainte, qui m'est d'autant plus recommandable et vénérable que le Pape Eugène avait pour elle une affection particulière de la plus intime charité. »

Jean Trithème, au Livre des historiens ecclésiastiques.

Hildegarde, religieuse abbesse du monastère de Saint-Rupert était une vierge d'une vie très-sainte, et favorisée dès son enfance de divines révélations ; elle fut célèbre de son vivant par un grand nombre de miracles, et répandit au loin l'éclat de sa sainteté. Les Papes Eugène III, Anastase IV, Adrien IV et Alexandre III l'honoraient de leur correspondance, et se recommandaient eux et l'Église Romaine à ses prières. De plus, Eugène III au concile de Trèves, où se trouvaient saint Bernard et un grand nombre de cardinaux, d'évêques, d'abbés et d'autres ecclésiastiques, approuva publiquement les ouvrages de cette vierge, que l'on avait lus en pleine assemblée, comme étant inspirés de Dieu, conformes à la Foi catholique, et l'engagea par Lettres Apostoliques à persévérer dans son dessein. »

Il dit la même chose *au deuxième livre des hommes célèbres de l'Ordre de Saint-Benoît, chapitre 119; et il ajoute au livre troisième, chapitre 334 :*

« Elle était d'une naissance illustre, elle avai[t] été favorisée dès son enfance de révélations angéliques. Plus elle était affligée dans son corps plus elle avançait en esprit, car elle était consolée dans ses maladies par de fréquentes apparitions des anges. Sous sa direction son monastère était animé de la plus grande ferveur pour la discipline ; en sorte que le Souverain-Pontife, les empereurs, les rois et les princes s'estimaient heureux d'avoir quelque part aux prières de sainte Hildegarde et de ses compagnes. On raconte de cette Sainte des choses admirables qu'il est hors de propos de rapporter ici. »

Chronique du monastère de Hirsingen,
année 1150.

« La vierge sainte Hildegarde, favorisée dès son enfance de révélations divines, ne sachant que le Psautier et la psalmodie, et n'ayant pas appris de science humaine la langue latine, dont elle n'avait aucun usage, fut cependant inspirée par la grâce du Saint-Esprit, pour écrire ou dicter plusieurs ouvrages soit en latin, soit en allemand, qu'elle n'aurait pu composer avec le secours de son intelligence ou du sens humain, mais seulement sous l'inspiration divine. Aussi ne peuvent-ils être compris que par des personnes avancées dans la spiritualité. Elle écrivit ce livre si étendu et si profond qu'elle intitula SCIVTAS (1). »

(1) *Sci*, à la seconde personne de l'impératif du verbe *scire, savoir : Sache vias les voies : Scivias ;* et l'on peut ajouter *Domini du Seigneur.* En effet, les voies du Seigneur sur l'origine du monde et sa fin y sont marquées, comme aussi les moyens dont Dieu se servira pour manifester sa puissance à la grande époque qui précède l'Antechrist et la fin du monde, *Scivias !*

Et peu après il y est rapporté :

« A tous ceux qui lui demandaient les consolations du Saint-Esprit, ou qui réclamaient les conseils de ses sages remontrances, elle avait coutume de répondre par ses lettres et ses prières ; et elle ne repoussa jamais personne quelque faible, ou méprisable, ou pauvre qu'il fût. Elle fut célèbre pendant sa vie et à sa mort par un grand nombre de miracles ; et elle guérit par ses prières au nom du Christ tous les malades qui venaient à elle, de quelque maladie qu'ils fussent affligés. »

Chronique du monastère de Sphonheim,
année 1150.

« Sainte Hildegarde, vierge du Christ, fondatrice et abbesse du monastère de Saint-Rupert, près Binghen, mourut le 15 des calendes d'octobre, l'an 82ᵉ de son âge, la 13ᵉ indiction. Son corps fut déposé dans un tombeau devant le maître-autel de cette église, au milieu d'une nombreuse assistance, des plus honorables personnages et de toute la communauté. Cette sainte Vierge mérita dès son enfance d'être favorisée de plusieurs révélations, qu'elle a écrites pour la plupart par ordre de Dieu, pour l'utilité des générations futures. Et, bien qu'elle ignorât le latin, et qu'elle n'eût appris de cette langue que la simple psalmodie, elle fut intérieurement inspirée par l'Esprit-Saint pour en comprendre l'écriture et la construction des phrases. Et elle produisit ses révélations comme des visions célestes, partie en latin, partie en allemand. »

Nauclère dans ses chroniques, vol. 2, n° 9.

« En ce temps, vivait aussi sur les bords du Rhin, à Binghen, une religieuse, une admirable Vierge. Entrant en ravissement durant son sommeil, elle apprit non-seulement ce qu'elle devait dire, mais encore comment elle devait le dicter en latin. On dit qu'elle a fait beaucoup de prédictions sur l'avenir. Saint Bernard lui a adressé des lettres. »

On peut lire de semblables témoignages au *Catalogue de Pierre, livre V, chap.* 39; dans le *Miroir de l'histoire, par Vincent de Beauvais, livre XXVII, chap.* 83. Dans la *Préface des livres sacrés par Possevin*; dans le *Traité sur Mayence, par le R. P. Nicolas Sérarius de la Société de Jésus.*

PRÉFACE DU *SCIVIAS*

PAR

SAINTE HILDEGARDE

SUR LE GRAND PONTIFE, LE GRAND MONARQUE ET
LA FEMME QUI LE MONTRE (IIIᵉ livre, 9ᵉ vision).

————

A peine avais-je atteint l'âge de quarante-trois ans, que je fus ravie toute tremblante de crainte dans une vision céleste. Et je vis une grande lumière, du milieu de laquelle une voix se fit entendre et me dit : « O homme fragile, cendre de cendre, poussière de poussière, dis, écris ce que tu vois, ce que tu entends. Mais, parce que tu es timide pour le dire, que tu es inhabile à l'exposer, et trop ignorante pour l'écrire, dis-le, écris-le, sans les formes de l'éloquence, sans le secours de l'art oratoire, sans les ressources de la composition

logique du discours ; mais selon ce que
tu vois et ce que tu entends dans la conception des choses célestes qui s'élèvent
merveilleusement en Dieu. Tu les racon-
teras dans ce langage, tel qu'un élève,
qui comprend les leçons de son maître,
les récite selon la teneur de son élocu-
tion, comme il le veut, l'entend et
l'enseigne. De même, aussi, tu vas dire,
ô homme, ce que tu vois et ce que tu
entends, et tu vas l'écrire, non point de
toi-même, ni de la part d'aucun homme,
mais selon la volonté de Celui qui sait,
qui voit, qui dispose tout dans le secret
de ses mystères. »

Et j'entendis encore une voix du ciel
me dire : « Raconte donc ces merveilles,
et écris-les de la manière que tu es en-
seignée, dis » : Il arriva l'an 1141 de
l'Incarnation de Jésus-Christ, Fils de
Dieu, à l'âge de quarante-deux ans et
sept mois, et une lumière de feu d'un
très-grand éclat, partant du ciel ouvert,

me pénétra le cerveau, embrâsa tout mon cœur, comme une flamme qui me réchauffait sans me brûler, de la même manière que le soleil réchauffe l'objet sur lequel il lance ses rayons. Tout aussitôt j'eus l'intelligence de l'exégèse des Livres saints, tels que le Psautier, les Évangiles et tous les autres ouvrages tant de l'ancien que du nouveau Testament. Je n'y voyais ni la signification des mots du texte, ni la division des syllabes, ni l'ordre grammatical; mais j'avais miraculeusement en moi, dès l'âge le plus tendre, c'est-à-dire, dès l'âge de cinq ans , comme je l'ai encore maintenant, le sens des mystères par de secrètes et sublimes visions. Je n'ai révélé ces faveurs qu'à un très-petit nombre de personnes pieuses, qui vivaient avec moi dans le même cloître; et je les ai gardées dans le plus grand secret jusqu'à ce moment, où Dieu, par sa grâce, a voulu que je les manifeste. Les visions que amour, il a cherché dans son cœur, pour y trouver un homme qui suivît les voies du salut. Il l'a rencontré, il l'a aimé, reconnaissant que c'était un homme fidèle, et qui lui ressemblait dans les vues de son travail pour moi. Alors, le soutenant avec lui, je l'ai dirigé dans toutes ces choses par le divin secours, pour la révélation de mes merveilles, jusqu'alors cachées. Et ce même homme ne s'est point élevé au-dessus de lui-même; mais, par beaucoup de larmes, il s'est incliné vers celui qu'il a rencontré, pour l'élever, par l'humilité, jusqu'à l'accomplissement de ses bons desseins. Toi donc, ô homme, qui n'as pas reçu ces choses dans le trouble de la déception, mais dans la simplicité de l'innocence, regarde la manifestation des choses cachées, et écris ce que tu vois et ce que tu entends. »

Et quoique j'eusse bien la conscience de ce que je voyais et de ce

que j'entendais, cependant, soit hésita-
tion ou mauvaise opinion de moi-même,
soit opposition de la part des hommes,
je m'excusais de l'écrire, non par entê-
tement, mais par humilité, jusqu'à ce
qu'étant tombée malade, je fus abattue
sous le fléau de Dieu. Enfin, forcée en
quelque sorte par beaucoup de douleurs,
par les conseils d'une noble et sainte
fille et de cet homme que j'avais cherché et trouvé (1), je me décidai à écrire.

Et, tandis que je mettais la main à
l'œuvre je compris, avant que je l'aie dit,
toute la profondeur des Livres saints, et,
relevant de maladie, et recouvrant mes
forces, je terminai cet ouvrage en moins
de dix ans.

Or, ces visions et ces écrits me furent
donnés au temps de Henri, archevêque
de Mayence, de Courad, roi des Romains,

(1) Sainte Hildegarde représente ici le grand Pontife ; la sainte fille est la femme qui doit produire le
grand Monarque ; et l'homme que l'on cherche et
que l'on trouve est le grand Monarque en personne.

de Cunon, abbé du monastère du bienheureux pontife Disibode, sous le pontificat d'Eugène. Et j'ai dit et écrit ces
choses, non d'après les inspirations de
mon cœur, ni d'aucun homme, mais
selon que je les ai vues et entendues
dans les cieux, par la révélation des
secrets mystères de Dieu. Et j'entendis
encore la voix du Ciel me dire : « Parle
fort, et fais tout connaître par tes
écrits. »

LE SCIVIAS

DE

SAINTE HILDEGARDE

1er LIVRE.

Le système du monde.

Gloria Patri.

Les insensés comprendront la science et la langue des bègues parlera vite et couramment.
(Isaïe, 32, 4).

PREMIÈRE VISION.

RÉVÉLATION DES SAINTES ÉCRITURES.

Je voyais une grande montagne couleur de fer (1), et sur cette montagne un homme assis (2) qui répandait une si grande clarté que j'en étais éblouie : de chaque côté de cet homme s'étendait une aile d'une admira-

(1) L'Église.
(2) Jésus-Christ.

ble envergure (1). Et au-devant de lui et au pied de cette montagne était une image tellement pleine d'yeux (2) que je no pouvais voir autre chose que des yeux. Et devant cette image était l'image d'un jeune homme (3) vêtu de jaune avec des souliers blancs. Et sur sa tête descendait du sommet de la montagne une si grande clarté que je ne pouvais supporter l'éclat de sa face. Et de celui qui était assis sur la montagne sortait une multitude d'étincelles qui caressaient les deux images avec une indicible suavité. Sur la montagne je voyais des fenêtres en grand nombre, au milieu desquelles apparaissaient des têtes blondes et blanches (4). Et voilà que celui qui siégeait sur la montagne s'écriait d'une voix forte et pénétrante :

« O homme fragile, poussière de poussière, cendre de cendre, crie fort et parle à l'entrée du salut incorruptible, afin qu'ils soient instruits ceux qui, voyant la substance même des Écritures, ne veulent ni la lire ni la prêcher, parce qu'ils sont tièdes et inhabiles à conserver la justice de Dieu. Ferme-leur la

(1) Rome et Jérusalem.
(2) Les saintes Écritures.
(3) Les Patriarches et les Prophètes.
(4) L'interprète à venir.

clef des mystères, que, par crainte, ils vont enfouir inutilement et cacher dans un champ. Dilate-toi comme une fontaine abondante, et répands-toi dans ta mystérieuse érudition en telle manière, qu'ils soient frappés par l'effusion de tes sources ruisselantes ceux qui cherchent à te rendre méprisable à cause de la prévarication d'Ève. Lève-toi donc, élève ta voix, et annonce ce qui t'est manifesté dans la puissance du divin secours ! Car celui qui commande avec force et douceur à la nature, remplit de la clarté de la divine lumière ceux qui le craignent et le servent en toute humilité et suavité d'amour, et il les conduit, lorsqu'ils persévèrent dans les voies de la justice, jusqu'au bonheur de l'éternelle vision. »

DEUXIÈME VISION.

PROTECTION SUR L'INTERPRÈTE A VENIR.

Je voyais ensuite une grande multitude de lampes vivantes (1), qui déjà répandaient une vive clarté, mais qui, empruntant l'éclat du feu (2), acquièrent une splendeur très-sereine. Et j'avais devant moi un lac (3)

(1) Les justes de la terre.
(2) De la Divinité.
(3) L'Enfer.

extrêmement large et profond, dont l'orifice comme celle d'un puits, vomissait une fumée de feu d'une puanteur repoussante, et s'exhalant en un sombre nuage, allait se perdre à ma vue à l'infini. Elle atteignait dans une contrée sereine (1) une nuée lumineuse (2), qui, remplie d'étoiles, était sortie d'un homme aux formes les plus belles (3) ; et elle chassa de cette contrée et la nuée et cette image d'homme. A ce moment, une splendeur radieuse environna cette contrée, et tout à coup les éléments du monde, qui jusqu'alors avaient été dans une parfaite tranquillité, firent éprouver d'horribles terreurs.

Alors j'entendis de nouveau celui qui m'avait parlé en premier lieu, me dire : « Ceux qui recherchent le Seigneur avec une fidèle dévotion, qui brûlent dans sa dilection d'un ardent amour, ne sont point détournés de la gloire de la suprême béatitude par la crainte des coups de l'injustice ; tandis que ceux qui ne s'attachent à Dieu que par hypocrisie, non-seulement ne peuvent

(1) L'un des pays catholiques.
(2) Les saintes Écritures dont il est parlé à la première vision.
(3) L'interprète à venir.

parvenir à une plus grande perfection, mais encore sont privés par une juste réprimande des biens qu'ils s'imaginent posséder. »

TROISIÈME VISION.

SYSTÈME DU MONDE D'APRÈS MOÏSE.

Je vis ensuite une grande machine ronde et ombragée (1) comme un œuf dont le sommet est étroit, le milieu large et l'extrémité resserrée (2) ; et tout l'extérieur de cette machine était entouré de feu (3) ; et au delà était une peau sombre (4). Or, dans ce feu était un globe de feu brillant d'une si grande dimension (5) que la machine en était entièrement investie ; ce globe avait au-dessus de lui trois étincelles (6) disposées de manière à empêcher le globe de tomber. Ce globe s'éleva quelque temps en l'air (7),

(1) La terre.
(2) C'était la forme que la terre pouvait avoir avant que les eaux supérieures l'eussent inclinée et qu'elles eussent augmenté son volume.
(3) Des astres.
(4) Les eaux supérieures.
(5) Le soleil.
(6) Trois étoiles.
(7) Il fut plus élevé avant le déluge.

et beaucoup de feux vinrent s'y joindre (1), en sorte qu'il pouvait lancer plus loin sa clarté; puis il descendit plus bas (2), et le froid venant à le gagner, il ramena plus près ses rayons. Mais au milieu du feu qui entourait la machine, un souffle sortit en tourbillon, et de la peau qui était dessous bouillonnait avec ses tourbillons un autre souffle, qui se répandaient tous deux çà et là dans cette machine (3). Et il y avait aussi dans cette peau un feu ténébreux si horrible à voir, que je ne pouvais y jeter les yeux ; ce feu secouait cette peau de toute sa force, rempli qu'il était de bruits, de tempêtes et de pierres aiguës grandes et petites. Et, tandis qu'il éclatait en fracas, le feu brillant, les vents et l'air en étaient troublés à tel point que les foudres en retentirent plus fort, car le feu sentait en lui-même la commotion du premier bruit (4).

Mais sous cette peau (5) était un éther très-pur n'ayant lui-même aucune enve-

(1) La voie lactée.
(2) Après le déluge.
(3) La terre inondée par les eaux supérieures.
(4) Le déluge.
(5) Les eaux supérieures.

loppe (1), dans lequel je voyais aussi un globe de feu (2) d'une grande étendue, ayant au-dessous de lui deux étincelles (3), qui paraissaient ainsi placées pour empêcher le globe de dépasser les termes de son orbite. Et dans ce même éther il y avait aussi d'autres sphères éclatantes en grand nombre (4), sur lesquelles le même globe jetait sa clarté, se cachant peu à peu de temps à autre (5); et de cette manière atteignant aussi le premier globe lumineux (6) et incandescent dont j'ai parlé, et rétablissant l'ardeur de ses rayons, le lança de nouveau dans ces mêmes sphères (7).

Mais aussi de ce même éther sortait un souffle avec ses tourbillons (8), ayant sous lui une peau blanche (9), qui s'agitant çà et là donnait de l'eau à toute la machine. Et toutes les fois que cet air se rassemblait

(1) En dessous.
(2) La lune.
(3) Deux étoiles à l'extrémité de son orbite.
(4) Des planètes.
(5) Les phases de la lune.
(6) Le soleil en conjonction.
(7) Dans les planètes par le redressement du soleil sur l'orbite de la lune.
(8) Les vents.
(9) L'atmosphère.

tout à coup, il répandait à grand bruit une pluie torrentielle ; mais lorsqu'il se répandait doucement, il ne produisait qu'une pluie douce. Mais de cette atmosphère un souffle sortit avec ses tourbillons et se répandit de toutes parts sur la machine en question (1).

Et au milieu de ces éléments il y avait un globe de sable d'une énorme dimension (2) que ces éléments avaient si bien entouré qu'il ne pouvait tomber ni d'un côté ni d'un autre (3). Mais quand par intervalles ces mêmes éléments se battaient avec les vents dont il est parlé, ils forçaient par leur violence ce globe à se remuer un peu (4).

Alors je vis entre l'Aquilon et l'Orient une grande montagne qui, du côté de l'Aquilon, était chargée de ténèbres, et du côté de l'Orient resplendissait de lumière, mais de manière que cette lumière ne pouvait

(1) Voici les vapeurs de la terre bien distinguées des eaux supérieures, quoiqu'elles soient toutes deux représentées sous la figure d'une peau, l'une *sombre* et compacte en dehors des astres, l'autre *blanche* et transparente à la lumière du soleil.

(2) La terre.

(3) La terre immobile attirée de toutes parts par les eaux supérieures.

(4) La nutation de la terre par les marées.

éclairer les ténèbres, ni les ténèbres obs-
curcir la lumière (1).

Et j'entendis une voix du ciel qui me
disait : « Dieu qui a tout formé par sa volonté,
n'a rien créé que pour l'homme et la gloire
de son nom, pour montrer non-seulement
les choses visibles et temporelles, mais encore pour faire éclater celles qui sont invi-
sibles et éternelles. »

QUATRIÈME VISION.

L'AFFLICTION DE L'INTERPRÈTE A VENIR.

Je vis ensuite une splendeur d'une grande
et très-sereine étendue, éclatant d'une multitude d'yeux (2), tournée vers quatre angles
comme aux quatre coins du monde (3), qui,

(1) A la fin, les eaux intérieures vers l'aquilon se
rapprocheront des eaux supérieures, et la terre sera
en dehors du plan des orbites du soleil et de la lune,
et ces astres, devenus fixes, n'éclaireront que l'orient
d'où vient le salut; le reste sera dans une éternelle
horreur. Et le Seigneur ouvrira le ciel des cieux en
faisant replier les eaux supérieures vers l'aquilon, et
c'est *ainsi qu'il foulera aux pieds ses ennemis.*
C'est la dernière consommation qui produira et les
ténèbres extérieures et la cité de Dieu sur la nouvelle
terre par les nouveaux cieux.
(2) Les saintes Écritures.
(3) L'Évangile prêché partout.

annonçant le secret du suprême Créateur (1), me fut manifestée sous la plus
grande réserve. Et dans cette lumière m'apparut une autre splendeur semblable à l'aurore, qui tenait aussi de la clarté couleur
de pourpre (2). Et je vis sur terre des hommes porter dans des vases d'argile du lait
dont ils faisaient des fromages ; et une
partie de ce lait, très-épaisse, donnait des
fromages très-fermes, une autre partie plus
claire donnait des fromages mous, et une
autre partie mêlée de lie donnait des fromages amers (3). Je vis donc une femme (4),
ayant dans son sein comme la forme entière
d'un homme (5). Et par une secrète disposition du suprême Créateur, ce même
homme donna signe de vie, et la sphère de
feu, qui n'avait aucune forme humaine (6)
remplit le cœur de cet homme, toucha son
esprit, et se répandit par tous ses membres.
Puis cette image, vivifiée de cette manière,

(1) Le secret de Dieu le Père : l'Apocalypse.
(2) La sainte Vierge aux couleurs de l'oriflamme.
(3) Cette figure marque la disposition des hommes
pour écouter la grande nouvelle, l'Apocalypse.
(4) Comme il vient d'être dit de la sainte Vierge.
(5) L'interprète à venir.
(6) Le corps des Écritures.

sortit du sein de la femme, changea les mouvements que cette sphère avait dans cette forme humaine, et par ces mouvements cette image changea même de couleur (1).

Et je vis que plusieurs orages, s'emparant de cette sphère qui était dans ce corps d'homme, la courbèrent jusqu'à terre (2) ; mais, reprenant ses forces, elle se redressait avec courage, et se plaignait ainsi en gémissant : « Où suis-je ? pauvre étrangère (3) ! dans l'ombre de la mort ! Dans quelle route suis-je entrée ? dans la voie de l'erreur ! Où est ma consolation ? celle qu'éprouvent les voyageurs ! Car je devrais avoir un palais orné de pierres de taille plus brillant que le soleil et les étoiles, parce que ce n'étaient ni le soleil qui se couche, ni les étoiles qui disparaissent qui devaient l'illuminer, mais c'était la gloire de la troupe angélique qui devait y résider. La topase devait être sa fondation,

(1) L'interprète transfiguré.

(2) On le voit, la sphère ou le corps des Écritures est le seul lien qui unisse la Vierge et l'interprète ; il n'y a par conséquent rien que de chaste dans cette union, qui est néanmoins si intime, que la Vierge se plaint plus loin des imperfections de l'interprète, quelle que soit d'ailleurs la sainteté de ce nouveau personnage.

(3) L'interprète étranger à Rome.

sa structure devait être de toutes sortes de
pierreries, son escalier de cristal, et ses pla-
fonds tout en or. Je devais être l'heureux
compagnon des Anges, car je suis le souffle
vivant, que Dieu a mis dans un aride limon (1). Je devrais donc connaître Dieu et
le sentir. Mais, hélas ! lorsqu'il a vu qu'il
pouvait suivre des yeux ma tente se portant
par tous pays, il a placé mon instrument (2)
vers l'Aquilon (3). »

« Hélas ! hélas ! où en suis-je réduite, privée de mes yeux (4), et de la joie que donne
la science. Mon vêtement est tout déchiré, et
je suis chassée dans cet état de mon héritage, je suis conduite en un pays étranger,
où, sans considération et sans honneur, je
suis soumise au plus dur esclavage. Ceux
qui m'ont prise m'ont frappé la joue, m'ont
fait manger avec les animaux immondes, et
m'ont conduite dans un désert, où ils m'ont
donné pour nourriture des herbes sauvages
mêlées de miel. Puis, m'étendant sur un
pressoir, ils m'ont affligée de divers sup-

(1) Dans l'interprète.
(2) Mon interprète.
(3) Dans les régions occupées par Satan.
(4) C'est l'interprète qui se plaint avec la sainte
Vierge dans le corps des saintes Écritures.

plices, ils m'ont dépouillée de mes vêtements, ils m'ont couverte de plaies, et m'ont
chassée pour devenir la proie de serpents
nuisibles et venimeux, tels que les scorpions, les aspics et autres. Ces reptiles
m'ont prise, en effet, et m'ont tellement
couverte de leur venin, que j'ai été toute
énervée, toute anéantie. »

« Mais ces chasseurs m'ont dit avec déri-
sion : » Qu'est devenue ta gloire ? « Ah ! je fus
alors tout émue, et dévorant ma plainte
dans mon silence : Où suis-je ? me disais-je,
hélas ! pourquoi suis-je ici ? quel consolateur aurai-je dans ma captivité ? comment
rompre ces chaînes ? Qui pourra voir mes
plaies ? quel est celui qui aura le courage
d'en supporter l'odeur fétide ? quelle main
y versera l'huile ? ah ! qui prendra pitié de
ma douleur ? »

« Que le ciel exauce donc mes cris, que la
terre soit touchée de ma peine, et que tout
ce qui vit s'incline pour plaindre ma captivité ; car une douleur très-amère m'op-
presse, et je reste dans mon exil sans consolation et sans secours. Qui pourra me
consoler, moi que ma mère a proscrite (1),

____

(1) Rome a chassé l'Église.

moi qui me suis éloignée de la voie du salut?
Qui pourra me secourir, si ce n'est Dieu?
Oh! quand je me souviens de toi, mère de
Sion, que je devrais habiter, je comprends
toute l'amertume des services qu'il me faut
rendre. Lorsque je me rappelle les symphonies de tout genre qui retentissent dans
tes murs, je sonde la profondeur de mes
plaies, et, lorsque je repasse en mon cœur
la joie et les délices de ta gloire, j'ai en horreur les poisons dont je suis infectée. De
quel côté me tourner? Où fuir? Car ma douleur est ineffable, et si je ne sors de mon
affliction, je ressemblerai à ceux avec qui
j'ai honteusement vécu dans cette terre de
Babylone. Où es-tu donc, ô ma mère,
sainte Sion? Que je suis malheureuse de
t'avoir quittée! je supporterais mieux ma
douleur, si je t'avais moins connue. »

« Mais maintenant je fuirai mes méchants
compagnons (1), parce que la malheureuse
Babylone m'a imposé un joug de plomb,
elle m'a opprimée sous des poutres énor-
mes, au point que je ne puis respirer. Mais,
ô ma mère, lorsque je répands mes pleurs
avec mes gémissements devant toi, la mal-

(1) Mes compatriotes étrangers à Rome.

heureuse Babylone fait entendre de si grands mugissements de ses flots, que tu ne peux entendre ma voix (1). C'est pourquoi j'irai vite chercher une retraite encore plus profonde, afin de pouvoir échapper à mes méchants compagnons, et à ma malheureuse captivité. »

Après avoir exhalé mes plaintes, j'allai par un sentier me cacher dans une petite grotte vers le nord. Là, je pleurais amèrement, car j'avais perdu ma mère (2); là je considérais et ma douleur à son comble, et toutes mes blessures; là je répandais tant et tant de larmes, que toute ma peine et toutes les meurtrissures de mes plaies furent arrosées de mes pleurs. Alors, une très-suave odeur comme le souffle du zéphir, vint de ma mère (3) rafraîchir mon haleine. O combien de gémissements encore, et combien de larmes me fit couler cette petite consolation ! De joie j'éclatai en gémissements dans l'abondance de mes pleurs, au point que la montagne où se trouvait ma retraite en fut ébranlée. Et je dis : « O ma

(1) Les préoccupations des affaires du temps empêchent de considérer attentivement celles de l'éternité.
(2) La sainte Vierge, p. 10, n° 3.
(3) La sainte Vierge.

mère, ô mère de Sion, que m'arrivera-t-il enfin? Et où est donc maintenant ta noble fille (1)? Oh! que j'ai été longtemps privée de ces caresses maternelles dont tu me nourrissais avec douceur dans des délices sans nombre. » Et je me réjouissais dans ces larmes, comme si je voyais ma mère.

Alors mes ennemis entendant mes cris, se dirent : » Celle que jusqu'à présent nous avons eue parmi nous en notre pouvoir pour lui faire faire tout ce que nous voulions, la voilà qui invoque les Saints. Employons tous nos artifices à la garder avec tant de soin et de vigilance qu'elle ne puisse jamais nous échapper, puisque déjà nous nous la sommes entièrement assujettie. Si nous y parvenons, il faudra bien qu'elle nous suive encore. « Sortant alors furtivement de la grotte où je m'étais cachée, je me dirigeai vers une montagne où mes ennemis ne pourraient me trouver. Mais ils opposèrent à ma fuite une mer (2) tellement agitée, que je ne pouvais la passer. Et il y avait là un pont si étroit et si dangereux que je n'eus pas le courage de m'y hasarder. D'ailleurs au delà

(1) L'Église.
(2) Une foule de monde.

de cette mer il y avait de si hautes montagnes (1) en précipice, que je compris bien l'impossibilité de pouvoir les franchir.

Je dis alors : « Malheureuse que je suis, que vais-je devenir ? J'avais éprouvé tant soit peu les caresses de ma mère, qui me faisaient croire qu'elle voulait m'attirer vers elle ; mais, hélas ! veut-elle encore m'abandonner ? Où vais-je aller ? Car si je retombe aussitôt dans ma première captivité, je serai d'autant plus le jouet de mes ennemis, que je me suis plaint avec confiance à ma mère de ce qu'ayant éprouvé quelques instants la douceur de sa visite, elle vient encore de me quitter. » Mais fortifiée par cette douceur que j'avais d'abord ressentie par la visite de ma mère, je revins à l'Orient où j'essayai de traverser des sentiers difficiles. Et ces sentiers étaient tellement embarrassés d'épines, de chardons et d'autres obstacles de ce genre, que je pouvais à peine marcher. Cependant, après beaucoup d'efforts et de sueurs je parvins à m'en dégager à grand peine ; et je m'étais donnée tant de mal, que je ne pouvais plus respirer. M'étant enfin,

(1) Encore des multitudes.

après beaucoup de fatigues, échappée sur le sommet de la montagne, où je m'étais d'abord cachée, je me suis dirigée vers le vallon formé par cette montagne ; mais, lorsque je me disposais à y descendre, des aspics, des scorpions, des dragons et d'autres reptiles firent retentir leurs sifflements. Alors toute épouvantée je poussai des cris déchirants : « O mère ! où es-tu ? m'écriai-je ; je sentirais moins mon malheur si je n'avais éprouvé la douceur de ta visite, car je vais tomber dans la captivité où j'étais restée si longtemps. Où est maintenant ton appui ?—« Cours, ô ma fille ; car le Seigneur tout-puissant, à qui rien ne peut résister, te fournit des ailes ; passe rapidement tous ces obstacles. » Alors fortifiée par cette grande consolation, je pris ces ailes, et je pus traverser incontinent tous ces venins mortels.

J'approchai d'un temple construit à l'intérieur d'un très-fort ciment ; et y étant entrée, je fis des œuvres d'éclat, tandis que je n'avais fait jusqu'alors que des œuvres ignorées. Et dans ce temple je plaçai au septentrion une colonne en fer brut, à laquelle je suspendis des éventails de plumes diverses qui s'agitaient çà et là, et trouvant de la

manne, j'en mangeai (1). A l'orient, je
construisis un fort en pierres de taille, et y
allumant du feu, j'y bus du vin mêlé de
myrrhe et de vin doux (2). Et au midi je bâtis
une tour en pierres de taille, dans laquelle
je suspendis des boucliers rouges, et sur les
fenêtres de laquelle je plaçai des trompettes
en ivoire (3). Au milieu de cette tour je ré-
pandis du miel, avec lequel j'avais composé
un parfum très-précieux de divers aromates,
de manière que l'odeur de ce parfum se répandait dans toutes les parties du temple (4).
Je ne fis rien à l'occident, parce que ce côté
était tourné vers le siècle. Mais pendant que
j'étais très-occupée de ce travail, mes ennemis
prenant leurs flèches les décochèrent contre
le temple. Pour moi, dans la préoccupation
où j'étais de mon œuvre, je ne m'aperçus de
leur acharnement, que lorsque les portes du
temple furent couvertes de flèches. Mais ces
flèches ne purent ni briser la porte, ni pénétrer le mur du temple, je fus donc à l'abri

(1) C'était pour représenter l'ancienne loi par l'ex-
plication des prophètes.

(2) C'était pour représenter la loi nouvelle par
l'Évangile sur le Calvaire.

(3) Les Prophètes, p. 2, n° 4 portant l'annonce des
derniers temps.

(4) C'est le temple décrit au troisième livre.

3*

de leurs coups. Ce que voyant, mes ennemis lancèrent un déluge d'eau pour me renverser avec mon temple; mais leur malice ne réussit pas. C'est pourquoi je me moquai d'eux avec assurance, et je leur dis : « L'ouvrier qui a construit ce temple, est plus sage et plus fort que vous. Ramassez donc vos flèches, et déposez les, parce que, malgré tous vos efforts, vous ne pourrez remporter sur moi la victoire. Voyez si elles ont pu me faire le moindre mal. C'est avec beaucoup de peine et de travail que je vous ai longtemps fait la guerre, lorsque vous vouliez attenter à mes jours, sans pouvoir y réussir. Car, fortifiée que j'étais d'armes puissantes, j'ai lancé contre vous des traits acérés, qui m'ont servi à me défendre contre vous avec courage. Retirez-vous donc, retirez-vous, parce que vous ne pourrez plus me retenir captive. »

Et moi, dans ma faiblesse et mon ignorance (dit sainte Hildegarde), je vis dans un autre monde (1) plusieurs tourbillons qui se précipitaient sur elle pour la détruire, mais ils ne le pouvaient pas ; car, résistant

(1) Voilà les peuples d'Orient (prophéties de saint François de Paule).

avec courage, elle ne leur laissait point le temps de former leurs complots. Mais elle exhala sa plainte en ces termes (1) : « Quoique je sois toute petite, je suis parvenue à un haut emploi. Eh ! qui suis-je ? et quel est le sujet de ma plainte ? Étant un souffle vivant, je suis placée dans un homme (2), dans une enveloppe composée de moëlle, de sang, de chair et d'os, de telle manière que j'apporte à cet être et la vigueur et le mouvement que partout je lui imprime. Mais, hélas ! sa sensibilité produit les souillures, la légèreté, les emportements de caractère et tous les genres de défauts. Oh ! voilà ce qui me fait profondément gémir ! car, si j'ai le bonheur d'inspirer la vie aux œuvres de mon tabernacle (3), aussitôt vient à ma rencontre une persuasion diabolique, qui m'arrête en toutes choses. Un souffle d'orgueil m'élève à tel point que je dis souvent : Je désire travailler à ma terre, en y employant toutes mes forces, car je saisis toutes

(1) C'est la sainte Vierge qui parle dans l'interprète.

(2) L'interprète à venir, p. 10, n° 3.

(3) Dans l'homme que j'anime et que j'inspire, trois obstacles : 1° les souillures, 2° la légèreté, 3° les emportements.

les œuvres dans mon tabernacle (1); mais je suis tellement contrariée par sa concupiscence, que je ne comprends mes œuvres qu'après que j'ai senti en moi de cruelles blessures. Oh! alors quelle est ma plainte! Je dis : « O Dieu! n'est-ce pas vous qui m'avez créée? voilà qu'une vile poussière me domine; c'est pourquoi je prends la fuite. » Comment? Assurément, lorsque mon tabernacle est assujetti à la chair, j'éprouve un plaisir légitime, mais auquel je participe moi-même. Et la raison, qui règne en moi par la science, me montre que je suis créée de Dieu; et je comprends par ce raisonnement pourquoi Adam s'est caché de crainte, lorsqu'il a transgressé le précepte du Seigneur. Je me cache aussi moi-même épouvantée, loin de la face de Dieu, lorsque je sens dans mon tabernacle des œuvres contraires à sa volonté. Mais lorsque je pèse cette lourde balance du péché, je méprise toutes ces œuvres qui brûlent de la concupiscence de la chair. »

« Ah! puisque je dois être errante, com-

____

(1) Toutes les œuvres de l'interprète, que j'ai au dedans de moi, et qui me fait participer en quelque manière à ses faiblesses par l'union intime qui existe entre nous.

ment pourrai-je subsister au milieu de tant
de dangers? lorsqu'une insinuation diabolique m'entraîne pour me dire : » Existe-t-
il ce bien, que tu ne connais pas, que tu ne
peux voir, que tu ne peux faire? « Qu'arrivera-t-il alors? lorsqu'elle me dit encore :
» Si tu le connais, si tu le comprends, si tu
le peux faire, pourquoi l'abandonner? « Que
ferai-je alors? Ah! dans ma douleur profonde je répondrai : Malheureuse que je
suis! puisque par Adam tous les poisons
nuisibles me sont inspirés, lorsque lui-même
il a transgressé le divin précepte, et qu'é-
tant chassé sur la terre, il a embrassé des
tabernacles de chair (car la douceur qu'il
a ressentie en goûtant le fruit de l'arbre
défendu, s'est inoculée au sang et à la chair
et a produit les souillures des vices); je res-
sens en moi les révoltes de la chair, qui
s'opposent par leur coupable ivresse au Dieu
souverainement pur; mais je ne dois point
suivre ce que me proposent les désirs de
mon tabernacle (1). De même que Adam, à
son origine, était sorti pur et simple devant
Dieu, de même je crains Dieu, parce que
je sais qu'il m'a créée pure et simple de-

______

(1. Premier obstacle : ses souillures.

vant lui. Mais à présent je suis troublée par le penchant des vices. Oh! c'est bien en ceci que je suis étrangère et errante. C'est pourquoi différents troubles viennent m'assaillir par différents mensonges : » Qui es-tu? Que dis-tu? et pourquoi livrer tous ces combats? Tu n'es qu'une malheureuse; car tu ne sais pas si tu fais bien, si tu fais mal. Où vas-tu courir enfin? qui te préservera? quelles sont ces erreurs qui te bercent dans ta folie? Feras-tu ce qui te fait plaisir? Fuiras-tu ce qui te fait peine? Que vas-tu faire? puisque tu connais l'un et que tu ignores l'autre. Car ce qui te plait est ce qui t'est défendu; et ce qui te fait peine est cela même que Dieu te commande. Et comment peux-tu savoir qu'il en est ainsi (1)? Il vaudrait mieux pour toi que tu n'eusses jamais existé. «

« Et, après que ces troubles se sont emparés de moi, je commence un autre genre de vie, qui est contraire à ma chair, parce que je m'applique aux œuvres de justice. Mais

---

(1) C'est le démon qui parle, il n'est pas étonnant qu'il mente, et que ce qui fait plaisir à l'interprète ne soit pas défendu, et que ce qui lui fait peine ne soit que de perfection, selon les conseils évangéliques.

encore j'ignore si ces inspirations viennent ou non de l'Esprit-Saint. Et je dis : C'est inutile à mon salut; et puis je veux m'élever au-dessus des nuages. Comment cela? Je veux entreprendre des choses au-dessus de ma portée, et commencer ce que je ne puis terminer. Et, tandis que j'essaye tous ces projets, j'excite en moi une profonde tristesse, en sorte que je ne puis faire aucune bonne œuvre, ni dans l'élévation de la sainteté, ni dans la voie applanie de la bonne volonté, mais je me laisse aller à l'inquiétude du doute, du désespoir, du chagrin, et sous l'oppression de toutes choses (1). Et, lorsque l'inspiration satanique me livre ainsi la guerre, ô combien suis-je accablée sous le malheur! car tous les maux qui résultent, ou qui peuvent résulter des reproches, des malédictions, de la mortification du corps et de l'esprit, de tous les discours contraires à la pudeur, au salut, aux révélations, tout cela vient me tourmenter pour mon malheur. D'où vient que cette pensée m'est suggérée, à savoir : que tout le bien qui est en l'homme et en Dieu est pour moi-même une affliction et une

_____

(1) C'est le deuxième obstacle, la légèreté.

charge (1), me proposant plutôt de mourir que de vivre. Oh! quel affreux combat qui me fait tomber de travail en travail, de douleur en douleur, de schisme en schisme, et m'enlève toute espèce de bonheur ! »

« Mais d'où peuvent naître ces malheureuses erreurs ? C'est de l'ancien serpent, dont l'astuce et la trompeuse malice préparent ce mortel poison d'iniquité. Car, lorsqu'il me persuade par sa ruse l'opiniâtreté dans le péché, qu'il éloigne de mon esprit la crainte de Dieu, de manière à ne pas craindre de pécher ; lorsqu'il dit : » Qu'est-ce que Dieu ? je n'en sais rien ; « et que par sa trompeuse malice il me bouche les oreilles ; et qu'ainsi je suis engourdie dans le mal ; il me fait perdre dans le mortel poison de l'iniquité la joie de l'esprit, en sorte que ne pouvant trouver de repos ni chez l'homme ni même en Dieu, il en vient jusqu'à m'inspirer le doute du désespoir, en me faisant craindre pour mon salut. Quels sont donc ces pauvres habitacles qui sont assujettis à tant de périls de la part du démon ? Mais,

(1) A cause des grandes obligations qui sont imposées à l'interprète pour procurer le salut du prochain et la gloire de Dieu.

quand par la grâce de Dieu je me rappelle
que je suis sa créature, alors au milieu de
ces agitations, je réponds de cette manière à
toutes ces suggestions du démon : Je ne
cèderai point à cette frêle argile, mais je
livrerai de rudes combats. Et comment ?
Tandis que mon tabernacle me veut pousser
aux œuvres d'iniquité, je me défendrai sagement en brisant en moi par la patience le
cœur, le sang et la chair, comme un lion
qui se défend dans sa force, comme un serpent qui évite le coup de la mort en se cachant dans sa retraite avec sagesse. Car, je
ne dois pas plus recevoir les coups du démon, que je ne dois me livrer aux œuvres
de la chair. »

« Et comment encore ? Lorsque la colère (1) cherche à pénétrer dans mon tabernacle, je regarde la bonté de Dieu, qui ne
fut jamais ému de colère, et de même que
si j'eusse été raffraîchie par les pluies qui
inondent la terre, je sors plus heureuse dans
la joie de l'esprit, en voyant les vertus prendre en moi de la force. Et c'est ainsi que
j'éprouve la bonté de Dieu. Que si la haine
vient à me noircir, je jette les yeux sur la

____

(1) Troisième obstacle, l'emportement.

miséricorde et le martyre du Fils de Dieu,
et c'est ainsi que je serre les liens qui me
captivent, et que je respire par un doux souvenir la suave odeur des roses qui s'élèvent
du milieu des épines, et que je reconnais
mon Sauveur. Que si l'orgueil s'efforce de
poser en moi, sans fondement solide, la tour
de la vanité, et d'élever en moi cette hauteur qui ne veut le céder à personne, et qui
veut toujours l'emporter sur les autres; oh !
qui viendra me secourir, puisque l'ancien
serpent, qui est tombé dans la mort en
voulant s'élever au-dessus de tous, essaye
aussi de me faire tomber? Je dirai dans ma
douleur : Où est mon Roi et mon Dieu ?
Que puis-je faire sans lui? rien. »

« C'est ainsi que je m'élèverai vers Dieu
qui m'a donné la vie ; je me jetterai dans les
bras de la Vierge bienheureuse qui a vaincu
l'orgueil de l'antique caverne. Ainsi, devenue
la pierre très-ferme de l'édifice du Seigneur,
le loup ravissant, qui a été étranglé dans le
filet de la divinité ne pourra plus me vaincre ; et j'apprends à connaître le plus doux
des biens, c'est-à-dire l'humilité dans les
hauteurs de la pensée de Dieu, et parmi les
plus humbles la bienheureuse Vierge, et je respire la suave odeur d'un baume inaltérable,

et je jouis de la douceur de Dieu, comme si j'étais au milieu des plus doux parfums, renversant tous les vices par le secours puissant de l'humilité. »

Ensuite moi, pauvre petite, je vis qu'une autre sphère, rétrécissant les contours de sa circonférence, rompait ses cercles, et que, se dégageant de ces liens avec douleur, elle brisait son siége en gémissant (1) ; et elle dit : « Je vais sortir de mon tabernacle. » Mais moi, pauvre misérable, et pleine de chagrins (2), où irai-je ? J'irai par d'horribles et affreux sentiers jusqu'au pied du Juge qui m'attend ; car je lui montrerai les œuvres que j'ai faites en mon tabernacle, et là je recevrai ma récompense selon mes mérites. Oh ! quelle frayeur alors ! dans quelles angoisses me trouverai-je ? Et comme cette sphère se dissolvait, je vis d'autres esprits brillants et ténébreux (3) qui l'assistèrent dans le gouvernement de son siége, tel qu'il avait été constitué ; et ils attendirent sa fin (4)

(1) C'est un Pape qui rétrécit ses possessions, et finit par périr en quittant Rome.
(2) L'interprète à venir.
(3) Les bons et les méchants.
(4) La fin des successeurs de ce Pape.

pour l'emporter avec eux dès que la sphère aurait pris fin.

Et j'entendis une voix du ciel qui disait : « Que selon ses œuvres, son siége soit changé de place. » Et j'entendis de nouveau la voix du ciel me dire : « La bienheureuse et ineffable Trinité s'est manifestée au monde, lorsque le Père a envoyé sur la terre son Fils unique conçu du Saint-Esprit et né d'une Vierge, afin que les hommes différents de pays, et liés sous la servitude de leurs péchés sans nombre, fussent ramenés par lui dans la voie de la vérité, et qu'eux-mêmes, délivrés de la masse corruptible de leurs corps, et emportant avec eux leurs bonnes actions, pussent acquérir les joies du céleste héritage (1). »

CINQUIÈME VISION.

LE RETOUR DES JUIFS.

Je vis ensuite comme l'image d'une femme pâle depuis la tête jusqu'à la ceinture, et noire depuis la ceinture jusqu'aux pieds ; et ses pieds étaient sanguinolents (2) ;

---

(1) Ces dernières paroles prouvent les bénédictions abondantes attachées au beau règne.

(2) Elle est pâle aux premiers temps du christia-

au-dessous de ses pieds était un nuage très-
clair et très-brillant, mais elle était privée de
la vue. Elle se tenait (oisive) les mains sous
les aisselles, debout à l'autel qui est devant
Dieu, sans pouvoir y toucher. Dans son
cœur était Abraham, dans sa poitrine était
Moïse, et dans son sein les autres Prophètes,
ayant chacun son insigne, et remplis d'admiration pour la nouvelle épouse. Et l'é-
pouse m'apparaissait d'une si grande hauteur, qu'elle ressemblait à l'immense tour
d'une grande cité (1); elle avait sur sa tête
comme un cercle semblable à l'aurore.

Et j'entendis encore une voix du ciel qui
me disait : « Le Seigneur a imposé à l'ancien
peuple l'austérité de la loi, lorsqu'il ordonna à Abraham la circoncision, qu'il
changea dans la suite en une grâce bien
douce, donnant aux croyants son Fils qui
est la vérité de l'Évangile, par laquelle il a
adouci avec l'huile de la miséricorde les blessures de ceux qui étaient assujettis à la loi.»

nisme, noire après avoir perdu l'espérance du Messie,
sanguinolente par les guerres du deuxième sceau, sur
un nuage brillant par la manifestation des saintes
Écritures, mais privée de la vue à cause du bandeau
qui lui couvre les yeux.

(1) La sainte Vierge, p. 10 n° 2.

SIXIÈME VISION.

LE CIEL

Ou les neuf chœurs des Anges protégeant neuf parties
de l'Église : les Patriarches avant le déluge, les
Prophètes de l'ancienne Loi, les cinq parties de
l'Église de la Loi nouvelle, comme cinq patriarchats, les Apôtres et les Évangélistes de tous les
ordres ecclésiastiques.

Je vis alors dans la hauteur des divins
secrets deux armées d'esprits célestes tout
éclatants de lumière. Ceux qui composaient
la première armée avaient des ailes repliées
sur leurs poitrines et des visages d'hommes,
et ces visages étaient comme une onde très-
pure (1).

L'autre armée avait aussi des ailes repliées sur leurs poitrines, dans lesquelles
apparaissait la ressemblance du Fils de
l'homme, comme en un miroir (2). Mais

(1) C'étaient les Anges qui protégeaient les enfants
de Dieu avant le déluge, eux qui ont été purifiés par
l'eau comme à la fin les élus seront purifiés par le
feu.

(2) C'étaient les Prophètes que protégeaient les Archanges, et qui, sous l'ancienne loi annonçaient le
Messie.

dans ceux-ci comme dans ceux-là je n'ai pu distinguer nulle autre forme (1).

Ces deux armées environnaient comme une couronne cinq autres armées (2). Et dans l'une de ces cinq armées étaient des visages d'hommes, qui brillaient depuis les épaules jusqu'en bas d'une grande splendeur (3). Et ceux qui étaient dans la seconde armée étaient tellement éblouissants que je ne pouvais en supporter la vue (4). Ceux qui étaient dans la troisième armée apparurent comme un marbre blanc (5), et leurs têtes étaient comme des têtes d'hommes, et au-dessus brillaient des éclairs éblouissants, et depuis les épaules jusqu'en bas, ils étaient comme revêtus d'une nuée couleur de fer (6). Ceux qui faisaient partie de la quatrième

(1) Pour montrer que rien ne resplendit dans les cieux que ce qui a rapport à la religion.

(2) Les cinq Patriarchats de la loi nouvelle.

(3) C'étaient les martyrs de la primitive Église de Rome : premier Patriarchat, qui portaient sur leurs épaules leurs croix avec un grand courage, soutenus qu'ils étaient par les Vertus.

(4) C'étaient les anachorètes d'Alexandrie : second Patriarchat, soutenus par les Puissances.

(5) C'est le caillou blanc de l'Apocalypse (2, 17).

(6) C'est l'Église d'Antioche : troisième Patriarchat, dépendant de l'empire romain, dont la puissance comme celle de l'Église, soutenue par les Principau-

armée avaient des visages et des pieds d'hommes, ils avaient des casques et étaient revêtus de tuniques couleur de marbre (1). Enfin, ceux qui étaient dans la cinquième armée ne montraient aucune forme humaine, mais ils brillaient comme l'aurore (2). Et je ne distinguais dans ces armées aucune autre forme (3).

Et ces cinq armées environnaient deux autres armées comme une couronne (4). Ceux qui étaient dans la première armée paraissaient remplis d'yeux et de plumes ; et dans chaque œil il y avait un miroir, et

tés, devait régir les nations avec une verge de fer, et dont la majesté devait briller comme les foudres du ciel. (Apoc. 2, 27).

(1) C'est l'Église de Constantinople : quatrième Patriarchat, dépendant de l'empire romain, dont la perfection dans ses Saints montrait l'homme parfait de la tête aux pieds, et soutenue par les Dominations, était armée de toute la force de Dieu, pour combattre l'infidèle musulman.

(2) C'est l'Église de Jérusalem : cinquième Patriarchat, qui soutenue par les Trônes, élève si haut ses vertus, après son retour, qu'elle brille déjà comme l'aurore du grand jour de l'éternité.

(3) Du siècle.

(4) Ainsi ces troupes sont d'autant plus parfaites, qu'elles s'approchent plus près de la Divinité au centre.

dans ce miroir la face d'un homme, et ils élevaient leurs ailes vers les sublimités de l'élévation (1). Et ceux qui étaient dans l'autre armée brillaient comme le feu, et avaient plusieurs ailes, et ils montraient comme en un miroir tous les ordres revêtus de fonctions ecclésiastiques (2).

Et toutes ces armées faisaient retentir de leurs voix accompagnées de toutes sortes d'instruments les merveilles que Dieu a daigné opérer dans les Bienheureux, et dont Dieu recevait la louange la plus parfaite. Et j'entendis une voix du ciel qui me disait : « Le Seigneur ineffable et tout-puissant, qui existait avant les siècles, qui n'a pas eu de commencement, et qui subsistera après les siècles, a formé merveilleusement toutes les

(1) C'étaient les Apôtres, les Évangélistes et tous les saints Pontifes, qui ont prêché l'Évangile, animés qu'ils étaient par les Chérubins pour amener les peuples à la perfection.

(2) Tous les prêtres séculiers ou réguliers ou même tous les simples religieux, brûlaient d'amour comme les Séraphins, exerçant devant Dieu leur saint ministère, et dans le ciel jugeant les douze tribus d'Israël, puisque tous les élus depuis le commencement du monde les environnent comme une triple couronne. Les Patriarches, les Prophètes et les Fidèles de la Loi chrétienne.

4

créatures, et les a mises selon ses desseins, dans un ordre admirable. Et comment? Il a destiné les unes pour être attachées à la terre, les autres pour être dans les cieux, tout en réglant que les esprits angéliques veilleraient au salut des hommes pour la gloire de Dieu. Et comment encore? en établissant de ces esprits célestes, les uns pour subvenir aux nécessités de l'homme, les autre afin de lui manifester les secrets de ses jugements.

FIN DU PREMIER LIVRE.

IIe LIVRE.

L'Immaculée Conception.

Gloria Filio.

*Celui qui n'est pas di-
rigé tombera de sa pro-
pre masse.*
(Epigraphe de l'édition
de Cologne, 1530.)

PREMIÈRE VISION.

LE CACHET.

Et moi qui ne connais pas plus les lettres
que les lions d'ailleurs si forts, et qui n'ai
pas même appris d'eux cette vertu, puisque
je reste dans la mollesse, pauvre petite côte
d'*Adam*, remplie d'un souffle divin, je vis
une lumière extrêmement vive, incompréhensible, indéfectible, toute vivante, toute sub-
sistante dans sa vie (1). Elle avait en elle une
flamme couleur d'azur (2) qui brûlait ar-

(1) C'est Dieu.
(2) Le Saint-Esprit.

demment par un doux zéphir, et qui adhérait aussi inséparablement à cette lumière, que les entrailles sont unies au corps (1). Et je vis que cette flamme éclatait comme la foudre ; et voilà qu'une atmosphère obscure, de forme circulaire et de grande étendue, sortit soudain, et cette flamme la frappait à coups redoublés, et en tirait des étincelles, jusqu'à ce que cette atmosphère fût parvenue à une grande perfection ; en sorte que le ciel et la terre resplendirent d'un ordre merveilleux (2). Puis encore cette flamme animée de ce feu et de cette ardeur, se porta sur une petite motte de terre humide (3); l'échauffant au fond de cette atmosphère, elle en forma de la chair et du sang, l'anima de son souffle ; en sorte qu'elle devint un homme vivant. Après cela ce feu brillant produisit par cette même flamme toute embrasée d'un doux zéphir une fleur (4) d'une blancheur éclatante qui pendait de cet homme dans la flamme, de même que la rosée est suspendue sur la plante. Cet homme en respira le parfum, mais il ne put

(1) C'est l'union hypostatique du Fils de Dieu fait homme.
(2) Ce sont les fruits de la Rédemption, 2ᵉ vision, 1ᵉʳ l.
(3) P. 2, nᵒ 4 et p. 12, nᵒ 1.
(4) C'est la fleur du Grand Pontife.

en goûter la saveur, ni la prendre dans ses
mains, en sorte que, se détournant et tombant dans les ténèbres les plus épaisses il ne
pouvait plus en sortir. Or, les ténèbres s'ac-
crurent se répandant de plus en plus dans
cette atmosphère (1). Mais trois grandes
étoiles apparaissant en conjonction, brillè-
rent dans ces ténèbres; et plusieurs autres
étoiles grandes et petites scintillèrent ensuite
d'un grand éclat, et furent suivies d'une très·
grande étoile rayonnant d'une admirable
splendeur vers cette flamme dont il est
parlé (2).

Alors sur la terre apparut une lueur comme
celle de l'aurore, à laquelle vint se joindre
merveilleusement cette flamme (3), sans
néanmoins se séparer du feu au milieu duquel elle brillait, et dans ce crépuscule de
l'aurore se manifesta une ardente volonté.
Et, tandis que je voulais considérer plus
attentivement l'ardeur de cette volonté, un
cachet (4), dont la signification restait voilée,

(1) Ces ténèbres représentent ceux qui ne veulent
pas entendre l'interprète, comme il est dit plus haut
p. 10, n° 3.

(2) Il est parlé de plusieurs planètes en conjonction
pour l'époque actuelle.

(3) La sainte Vierge, p. 10, n° 2.

(4) Le cachet du Pontife.

4*

me fut apporté dans ma vision, et j'entendis
du haut du ciel une voix me dire : « Tu ne
pourras plus rien comprendre à ce mystère,
si ce n'est dans la mesure qu'il t'a été donné
à cause du miracle qu'il y a à y croire (1). »
Et je vis de cette brillante aurore un homme
qui en sortait radieux (2), versa sa clarté sur
ces ténèbres, et qui à son tour, réfléchissant
lui-même ces lueurs, changea de couleur
comme celle du sang et de la pâle blancheur (3) et frappa ces ténèbres au point que
l'homme, qui y était enseveli (4), parut à ce
coup tout brillant et sortit ainsi redressé.
Mais cet homme radieux (5), qui était sorti
de l'aurore, apparaissant dans une grande
clarté qu'il est impossible de décrire, s'éleva
à la hauteur prodigieuse d'une gloire incom-
mensurable où il brillait merveilleusement
dans la plénitude d'une abondance de fruits
et de fleurs de toutes sortes.

(1) C'est l'Y du cachet, selon la sybille Erythrée,
teste David cum Sybilla.

(2) C'était le Fils de l'homme dont il est parlé au
commencement, et qui est hypostatiquement uni à la
Divinité.

(3) Les couleurs de l'oriflamme.

(4) L'interprète transfiguré, p. 11. n°s 1 et 2.

(5) Le Fils de l'homme au beau règne.

Et du milieu du feu vivant dont il est parlé, j'entendis une voix me dire « Toi, qui n'es qu'un limon fragile, l'état de femme te rend impropre à recevoir les leçons des maîtres mortels, pour lire les lettres selon la manière d'instruire des savants ; mais, frappée de ma lumière, qui t'illumine à l'intérieur pour l'enflammer comme par un soleil ardent, pousse des cris, raconte, écris ces secrets que tu vois et que tu entends dans cette mystérieuse vision. Ne crains rien, mais dis ce que tu comprends en esprit de la manière dont je les exprime par toi, afin qu'ils soient couverts de honte ceux qui devraient montrer à mon peuple la voie droite, mais qui, dans la dépravation de leurs mœurs, refusent de publier ouvertement la justice qu'ils ont connue ; ils ne s'opposent pas aux mauvais désirs qui s'attachent à leurs cœurs, ils en sont dominés au point qu'ils fuient les ordres de Dieu, et qu'ils craignent de manifester la vérité. C'est pourquoi, timide enfant, toi qui reçois à l'intérieur des inspirations mystérieuses, quoique tu sois cachée sous la forme d'un homme (1), à cause de la prévarication d'Ève,

(1) P. 10, n° 14, 5 et p. 3, ligne 7.

annonce cependant l'ouvrage incandescent qui t'est montré dans une claire vision. Car le Dieu vivant qui a tout créé par le Verbe, a ramené par ce même Verbe incarné la misérable créature, enfouie dans les ténèbres, au salut, l'objet des promesses (1). »

DEUXIÈME VISION.

LE PÈRE, LE SAINT-ESPRIT, JÉSUS-CHRIST.

Je vis ensuite une lumière très-éclatante, où se trouvait l'apparence d'un homme couleur de saphir, toute en un brasier de l'éclat le plus doux et le plus vif : et cette splendide lumière pénétrait tout ce brasier éclatant, de même que ce vif brasier pénétrait toute cette lumière éclatante, en sorte que cette lumière éblouissante et ce brasier radieux se confondaient en entier dans cette apparence d'homme, pour briller comme une seule lumière dans la même puissance et la même vertu (2).

(1) Ces dernières paroles justifient toutes les annotations qui précèdent.

(2) C'est Jésus-Christ la seconde personne de la sainte Trinité : Père, Fils et Saint-Esprit : le Père, la lumière éclatante, le Saint-Esprit, le brasier doux et vif, Jésus-Christ, l'apparence d'un homme.

Et j'entendis encore cette lumière vivante (1), qui me disait : « Tel est le sens
des mystères de Dieu, qu'on ne peut y jeter
les yeux qu'avec discrétion pour comprendre quelle est cette plénitude qui n'a point
d'origine, et à qui rien ne manque ; et qui a
fait jaillir de sa vertu puissante toutes les
sources des forts. Car, si le Seigneur manquait dans sa propre vertu, quelle serait
son œuvre ? Elle serait vaine. Mais à la perfection de l'œuvre, on peut reconnaître la
perfection de son auteur. »

TROISIÈME VISION.

L'IMMACULÉE CONCEPTION.

Ensuite je vis une image de femme d'une
stature très-élevée (2) comme la tour d'une
grande cité, ayant la tête ornée d'une admirable couronne, et ses bras abaissés, répandaient des rayons de lumière du ciel vers la
terre. Ses flancs étaient remplis de petites
ouvertures, comme celle d'un filet dans lequel étaient des multitudes enlacées. On ne

(1) C'est bien la même que celle de la première
vision : *Encore*.
(2) P. 10, n° 4. C'est la médaille miraculeuse!

lui voyait ni pieds ni jambes, mais elle se tenait assise devant l'autel, qui est sous les yeux du Très-Haut, qu'elle embrassait par ses mains étendues (1), et elle portait de tous côtés ses regards pénétrants vers le ciel. Je ne voyais sur elle d'autres vêtements que la splendeur dont elle était environnée, et qui la remplissait tout entière de la plus grande clarté.

Elle avait sur son cœur comme l'éclat empourpré de l'aurore (2), où j'entendis aussi toute espèce d'instruments de musique qui sortaient comme un cantique des échos de cette aurore si brillante. Et cette image, étendant sa lumière comme un manteau, me disait : « Il faut que je conçoive et que j'enfante. »

Bientôt accourut au-devant d'elle comme un éclair la multitude des Anges, qui préparait en elle des gradins et des siéges aux hommes qui devaient parfaire cette image (3). Puis je vis des enfants noirs qui

(1) C'est la prière *Suscipe* du canon de la messe, devant l'autel, représentant le haut d'une croix, par le saint tabernacle et la table de l'autel, et dont on ne voit pas le pied, parce qu'il est caché par la balustrade et la nappe de communion.

(2) P. 10, n° 1.

(3) Car il lui manquait des jambes et des pieds, et

rasaient la terre comme les poissons glissent dans l'eau, et qui entraient dans les entrailles de l'image comme par les mailles tout ouvertes à ceux qui voulaient entrer. Mais l'image se mit à gémir en les attirant plus haut, de manière à les faire sortir par sa bouche, sans éprouver elle-même aucun dommage (1).

Et cette lumière sereine (2), où se trouvait l'apparence d'un homme parfait (3) tout enflammé de ce feu radieux (4), que j'avais vue d'abord dans la (seconde) vision, leur ôta cette peau si noire, et la jetant loin de la voie, revêtit chacun d'eux d'une robe éclatante de blancheur, en leur laissant cette vive lumière, et elle dit à chacun d'eux : « Quittez ces vieux manteaux de l'injustice, et prenez la robe neuve de la sainteté ; la

ce sont les hommes qui, par le ministère des Anges, devaient s'asseoir à la sainte Table ; c'est là, en effet, qu'au pied de l'autel se trouve le bas de la croix qui complète sa représentation.

(1) Et c'est ainsi que la sainte Vierge élève ces multitudes jusqu'à la perfection des hauteurs de la croix par son mystique enfantement.

(2) Le Père.

(3) Jésus-Christ.

(4) Le Saint Esprit.

porte de votre héritage vous est ouverte : et faites attention à la manière dont vous êtes enseigné , afin de connaître votre Père, pour qui vous vous êtes déclaré. Je vous ai recueilli, vous avez fait profession de m'appartenir. Regardez donc maintenant ces deux voies, l'une à l'Orient, l'autre à l'Aquilon (1). Si donc instruit par la foi, vous me considérez avec attention dans votre intérieur, je vous recevrai dans mon royaume; et si vous m'aimez d'un amour parfait, je ferai tout ce que vous me demanderez. Que si vous me méprisez, et vous vous détournez en regardant en arrière, sans vouloir ni me connaître ni me comprendre (2) ; si, tandis que je vous rappelle, tout souillé de péchés que vous êtes, à la purification de la pénitence, vous recourez au démon , comme s'il était votre père, alors vous serez livré à la perdition, car vous serez jugé d'après vos œuvres, parce que, le bien vous étant proposé, vous avez refusé de me connaître. »

Or, les enfants qui étaient entrés dans le sein de l'image, marchaient dans la lumière

(1) Du paradis ou de l'enfer, p. 1, n° 9.
(2) C'est bien l'erreur du siècle de ne vouloir ni connaître Dieu, ni comprendre son culte.

qui l'avait investie. Et cette image les regardant avec douceur, disait d'une voix plaintive : « Mes fils que voici, retourneront encore en poussière (1); mais je conçois et enfante un grand nombre d'entre eux, qui me fatiguent, moi leur mère, par différentes concussions, et m'oppriment en m'attaquant par des hérésies, des schismes, et par des combats en pure perte pour eux, des rapines, des homicides, des adultères, des fornications et par une foule d'autres erreurs semblables (2). Mais plusieurs ressuscitent par une vraie pénitence pour la vie éternelle, et plusieurs tombent par une illusion trompeuse, réservés à la seconde mort.

Alors j'entendis encore une voix du ciel me dire : « L'édifice parfait des âmes vivantes, qui est élevé dans les cieux de pierres vivantes, est orné de la gloire incomparable des vertus dans les fils qu'il renferme comme une vaste cité. Cette cité est composée d'une

---

(1) Car ils étaient déjà dans la poussière du péché, et ils ne peuvent éviter la mort.

(2) On peut se demander, en effet, si dans aucun temps on a vu autant d'images saintes de la Vierge, profanées par des personnes licencieuses ou impies, qui ne se font aucun scrupule, tout en suivant les pratiques religieuses, de résister à l'autorité ecclésiastique.

immense multitude de peuples, comme le large réseau rempli d'une quantité merveilleuse de poissons, et elle fleurit à l'exemple de l'œuvre puissante du Christ parmi les hommes fidèles (1). »

QUATRIÈME VISION.

LA TOUR DE DAVID, LA TOUR D'IVOIRE.

Je vis ensuite une grande tour ronde, toute d'une seule pierre blanche, ayant à son sommet trois fenêtres (2). Et elles resplendissaient d'une si grande clarté, que le toit de cette tour, qui s'était élevée comme si elle eût été creuse, était aperçu plus distinctement à cause de cette splendeur (3). Et ces

(1) C'est le merveilleux effet de l'Immaculée Conception, qui va produire la dernière pêche miraculeuse de cent cinquante-trois gros poissons, parmi tous les peuples du monde.

(2) Cette tour est la sainte Vierge, mais comme les deux images de la Vierge et de l'interprète sont unies par la sphère ou le corps des saintes Écritures (p. 11, n° 1), tout ce qui est dit de la tour peut se dire aussi de l'interprète qui doit ramener les Juifs à la connaissance de la vérité. Ces fenêtres sont Abraham, Isaac et Jacob, p. 2, n° 3.

(3) Le toit de la tour est plus particulièrement l'interprète des prophéties de l'ancienne Loi ; mais

fenêtres étaient ornées des plus belles émeraudes (1). Mais cette tour était appuyée sur l'image de la femme, dont il est question, au milieu de ses épaules, comme une tour est flanquée sur le mur d'une ville ; en sorte que cette image ainsi fortifiée (2) ne pouvait s'écrouler.

Et je vis les enfants qui étaient apparus, comme il a été dit, dans le sein de cette image (3), resplendir d'une grande clarté; les uns avaient de la tête aux pieds un ornement en or, les autres, au contraire, n'avaient que cette clarté, sans être revêtus de cet ornement (4). Et parmi eux il y en avait qui regardaient la lumière vive et pure (5); d'autres qui considéraient à l'Orient une lueur toute trouble et rougeâtre (6). Et parmi ceux

comme interprète, il n'est lui-même qu'une cavité, qui reçoit tout son lustre des saints Patriarches, dont il explique les Ecritures.

(1) Couleur d'espérance.
(2) Par l'accomplissement des prophéties.
(3) P. 45, n° 1.
(4) Sans avoir la charité désignée par l'or.
(5) Du Père.
(6) La lueur des ténèbres, p. 4, n° 3. Ainsi parmi les convertis par l'Immaculée Conception, ceux qui étaient à l'Occident avaient l'ornement de la charité, et recevaient la lumière du Père, les autres à l'Orient

qui considéraient cette lumière vive et pure, quelques-uns avec la vue perçante et les pieds fermes, marchaient résolûment dans le sein de cette image ; mais d'autres, ayant la vue faible et les pieds chancelants, étaient ballotés çà et là par le vent ; ils tenaient un bâton à leurs mains, voltigeaient devant l'image, et la frappaient quelquefois même avec tiédeur. D'autres encore avec de bons yeux, mais des jambes faibles, couraient çà et là devant cette image. D'autres enfin, ayant la vue fatiguée, mais les pieds solides, ne marchaient cependant que lentement devant cette image (1).

Mais parmi ceux qui regardaient cette lueur trouble et rougeâtre, les uns bien ornés marchaient dans cette image avec allégresse; mais d'autres, s'échappant de cette image, l'attaquaient et renversaient tout l'ordre de ses établissements. Et parmi ces derniers il y en avait qui, s'humiliant devant elle, revenaient à résipiscence, d'autres s'obstinaient

ne voulaient pas se soumettre à cette puissante Vierge.

(1) Toutes ces figures marquent les dispositions diverses des peuples d'Occident par la proclamation du dogme de l'Immaculée Conception, principalement des Juifs.

par le mépris dans l'orgueilleux endurcissement de la mort (1).

Alors j'entendis encore une voix du ciel me dire : « De même que la nouvelle Epouse de l'Agneau (2), après que des torrents de grâces, découlant du Soleil de justice, ont sanctifié le monde par leur divine effusion, la nouvelle Épouse, dis-je, est revêtue de l'ardeur brûlante du Saint-Esprit (3), et est confirmée dans la perfection de sa gloire (4) ; de même le fidèle, qui reçoit la régénération dans l'eau et le Saint-Esprit (5), doit être orné et confirmé par l'onction du suprême Docteur, le seul Docteur qui, par la conformité de tous ses membres à l'effet que demande la béatitude céleste, produise les fruits de la plénitude de la plus haute justice, et

(1) Toutes ces figures marquent les dispositions des peuples de l'Islamisme, mais surtout celle des Juifs de l'Orient par le mystère de l'Immaculée Conception.

(2) L'ancienne Épouse est l'Église, la nouvelle est aussi l'Église, mais des derniers temps, unie plus intimement à Marie immaculée.

(3) C'est la figure de la femme dans la flamme, p. 3, n° 3.

(4) Par la nouvelle décision touchant sa conception immaculée.

(5) Le Juif et le Musulman convertis.

parvienne ainsi à revêtir l'ornement le plus parfait de sa gloire (1). »

CINQUIÈME VISION.

LE DIVIN ENFANTEMENT.

Je vis après que l'image de cette femme, dont il est parlé (2), était environnée depuis le haut de la tête jusqu'au cou d'une lumière éclatante comme la neige et transparente comme le cristal (3). Mais depuis le cou jusqu'au milieu du ventre resplendissait une autre lumière de couleur rouge, qui, depuis le cou jusqu'à la ceinture brillait comme l'aurore, et depuis la ceinture jusqu'au milieu du ventre, brillait comme la pourpre mêlée de couleur d'hyacinthe.

Et à l'endroit où cette lumière apparaissait comme l'aurore, une clarté pénétra dans les hauteurs du firmament, jusqu'aux secrets du ciel, dans laquelle était l'image d'une vierge, la plus belle, ayant sa tête découverte, les cheveux bruns, revêtue d'une robe rouge

(1) Par le complément du nombre des élus.
(2) La sainte Vierge, p. 10, n° 1, p. 43, n° 2.
(3) C'est l'Église depuis le commencement jusqu'aux derniers temps.

qui flottait sur ses pieds (1). Et j'entendis une voix du ciel qui disait : « C'est la fleur printanière de la céleste Sion, la mère et la fleur des roses, et le lys des vallées. O fleur printanière, tu épouseras le fils du Roi très-puissant, et tu lui enfanteras une noble progéniture, lorsque sera venu le temps de ta puissance (2) !

Et tout autour de cette vierge je vis une grande foule d'hommes plus brillants que le soleil, tous merveilleusement ornés d'or et de pierres précieuses; et quelques-uns d'entre eux, ayant la tête couverte de voiles blancs, furent décorés d'une ceinture d'or (3). Et au-dessus de leurs têtes, il y avait la ressemblance de l'ineffable Trinité, que l'on voyait de forme circulaire comme incrustée dans ces voiles, telle qu'elle m'est apparue dans une précédente vision (4). Et sur leur

(1) C'est la nation juive convertie, qui n'est plus aveugle et qui n'a plus le voile qui lui couvre les yeux. P. 30, n° 2.

(2) C'est la race bénie d'Abraham, l'épouse du roi très-puissant qui se détache vers les cieux de l'image de Marie immaculée à l'endroit où elle est comme l'aurore. C'est le divin enfantement.

(3) Ce sont les enfants que la femme voulait concevoir et enfanter. P. 45, n° 1.

(4) C'était le vêtement de la femme, p. 44, n° 1.

front était l'Agneau de Dieu, et sur leur cou
était la ressemblance de l'homme (1), à leur
oreille droite était un Chérubin, à l'oreille
gauche était l'apparence d'un autre ange,
de manière que du centre même de cette
gloire de la suprême Trinité partait vers toutes ces figures comme un rayon d'or (2). Et
parmi ces personnages, quelques autres apparurent qui portaient des mitres sur leurs
têtes, et avaient sur leurs épaules des manteaux d'évêques. Et j'entendis encore une
voix du ciel dire : « Ce sont là les filles de
Sion (3), et avec elles l'accompagnement des
symphonies de tous les genres d'instruments,
et le retentissement de la joie la plus pure et
du bonheur le plus parfait (4). »

Mais sous cette lumière qui étincelait

qui brillait comme la splendeur de la 2e vision :
Père, Fils et Saint-Esprit.

(1) De l'interprète qui les assujettissait au joug du
Seigneur.

(2) Car la femme qui devait enfanter, et dont les
jambes et les pieds étaient cachés, p. 44, n° 1, était
devenue une image parfaite, p. 48, n° 1, sans perdre
pour cela ses rapports avec la lumière divine, le Père,
le Fils de Dieu et la flamme du Saint-Esprit : *Passim.*

(3) Les Juifs convertis, p. 30.

(4) Car tous les peuples chantent à leur retour
(p. 44, n° 2.)

comme l'aurore (1), je vis apparaître entre le ciel et la terre des ténèbres très-épaisses d'une horreur si grande, que le langage humain ne saurait l'exprimer (2). Et j'entendis encore une voix du ciel dire : « Si le Fils de Dieu n'avait point souffert, ces ténèbres empêcheraient de toute manière l'homme de parvenir à la céleste clarté. » Mais à la place (3), où ce même éclat brillait comme la pourpre mêlée d'hyacinthe, il s'attachait puissamment à l'image de cette femme; alors une autre lumière environnait avec décence comme une nuée lumineuse, le reste du corps de la femme, sans cependant porter encore plus loin son éclat (4). Et ces trois splendeurs (5) se répandaient au loin, et représentaient différents degrés et galeries parfaitement et décemment ordonnés. Mais, en

(1) Depuis le cou jusqu'à la ceinture de la femme : *hic.*

(2) L'Antechrist après le retour des Juifs.

(3) Depuis la ceinture jusqu'au milieu du ventre de la femme : *hic.*

(4) Ce sont les derniers martyrs de l'Église sous l'Antechrist qui achèveront son divin enfantement. (Apoc. 9 17.)

(5) Celle éclatante comme la neige, celle qui était rouge, et celle couleur de pourpre mêlée d'hyacinthe; car la dernière splendeur ne peut être qu'un reflet de la gloire des saints martyrs sous l'Antechrist,

voyant ces choses, je fus saisie d'une si grande frayeur, que les forces venant à me manquer, je fus renversée à terre, sans pouvoir plus parler. Et voilà qu'une grande lumière (1), comme une main, me toucha, et me rendit les forces et la parole. Et j'entendis la voix de cette lumière me dire : « Ce sont là de grands mystères. Considérez, en effet, le soleil, la lune et les étoiles. J'ai créé le soleil pour éclairer le jour, et la lune et les étoiles pour éclairer la nuit. Le soleil représente mon Fils, qui est sorti de mon sein, et qui a illuminé le monde (2), lorsqu'il est né d'une vierge sur la fin des temps (3), comme on voit le soleil sortir pour illuminer le monde, lorsqu'il se lève à la fin de la nuit. La lune représente l'Eglise qui a été fiancée à mon Fils par de véritables et célestes fiançailles. Et de même que la lune a par sa constitution même un accroissement et un décourt, et ne brille pas par elle-même, mais reçoit sa lumière du soleil ; de même l'E-

(1) Dieu le Père.

(2) Cette parole indique le temps passé de l'Église, pour faire place à une nouvelle ère.

(3) Cette autre parole s'oppose à toutes les opinions qui veulent que le monde dure autant qu'il a duré depuis la création, ou depuis la loi écrite jusqu'à la venue du Messie.

glise (1) est un centre de mouvement, et ses enfants profitent souvent dans l'accroissement des vertus, comme ils se dérangent souvent aussi par le contact des mœurs différentes, et par le choc des persécutions ; de manière que, fréquemment, le fidèle est attaqué dans ses croyances par les méchants, chrétiens, juifs ou infidèles; et en cela il ne se porte pas dans sa faiblesse à la tolérance, mais il est éclairé dans ma vérité par mon Fils pour persévérer dans le bien. Les étoiles qui diffèrent l'une de l'autre en clarté, représentent les nombreuses corporations de l'ordre ecclésiastique. »

SIXIÈME VISION.

LA PRIÈRE SUSCIPE DU CANON DE LA MESSE.

Je vis ensuite que, tandis que le Fils de Dieu était suspendu à la croix, cette image de femme dont il est question, s'avança en toute hâte, suivant l'ancien décret, comme une brillante lumière; elle fut amenée devant

(1) Ou la vierge Marie, le refuge des pécheurs ; car la sainte Vierge, comme nous le font connaître les visions de sainte Hildegarde, renferme toute l'Église

lui par la divine puissance (1), fut arrosée, en s'élevant jusqu'à lui, du sang qui découlait de son côté, lui fut unie par un heureux hymen, conformément à la volonté du Père céleste, et noblement dotée de son corps et de son sang. Et j'entendis une voix du ciel me dire : « Cette femme, ô mon Fils, est ton épouse pour le rétablissement de mon peuple (2); qu'elle en soit la mère, régénérant les âmes par le salut que procurent l'Esprit et l'eau.

Et, comme cette image commençait déjà à augmenter ses forces en cette manière (3), je vis un autel dont elle s'approchait souvent, et elle visitait de nouveau dévotement sa dot (4), la montrant humblement au Père céleste et aux saints Anges.

De là vient aussi que, lorsque le prêtre, revêtu des ornements sacrés, s'approchait de cet autel, pour y célébrer les divins mystères, je voyais que, soudain une grande sé-

(1) De même qu'Ève sortit du cœur d'Adam, l'Église par Marie sortit du cœur de Jésus expirant.

(2) Du peuple Juif à la fin, selon les visions précédentes.

(3) Par les œuvres qui apparaissent de notre temps pour la conversion des Juifs.

(4) Sa dot c'est le crucifix, les saints lieux, la voie douloureuse.

rénité de lumière venait du ciel avec le cortége des Anges illuminer tout cet autel, et ne le quittait point que le prêtre ne se fût retiré après le saint sacrifice terminé. Là aussi, lorsque l'Evangile de paix étant récité, les offrandes étant posées sur l'autel, le prêtre chantait les louanges de Dieu, en disant : Saint, Saint, Saint est le Seigneur Très-Haut, et commençait ainsi les ineffables mystères, soudain un éclair de feu d'une clarté éblouissante descendait du ciel ouvert sur cette même offrande, et la pénétrait toute de son éclat, comme la lumière du soleil communique la sienne au corps qu'il pénètre de ses rayons. Mais au moment où cette lumière frappa de son éclat cette offrande, elle l'emporta en haut invisiblement jusqu'aux secrets du ciel (1), et la redescendit sur ce même autel. Tel qu'on voit un homme retirer en lui son haleine, pour l'exhaler ensuite au dehors, tels sont le véritable corps et le vrai sang, quoiqu'aux yeux il n'apparaisse que du pain et du vin (2).

(1) P. 5, 1er alinéa.
(2) Tel est l'effet de la prière du *Suscipe*. Selon le rit romain, on allume un cierge que l'on dépose ainsi sur l'autel depuis le *Sanctus* jusqu'après la communion.

Et, lorsque je considérais ces choses, aussitôt les signes de la Naissance, de la Passion, de la Sépulture, de la Résurrection, et de l'Ascension de Notre-Seigneur, du Fils unique de Dieu, apparurent comme en un miroir, de la manière que ces mystères se sont accomplis par le Fils de Dieu, lorsqu'il était sur la terre (1). Mais, lorsque le prêtre chantait le cantique de l'innocent Agneau, qui ôte les péchés du monde, et se disposait à recevoir la sainte communion, ce même éclair de feu remonta vers les cieux, et le ciel fermé (2), j'entendis une voix qui disait : « Mangez et buvez, mes amis, c'est mon corps et mon sang pour détruire la prévarication d'Ève, et vous rétablir dans le légitime héritage. »

Et aussi, lorsque les autres hommes s'approchaient du prêtre pour recevoir le saint Sacrement, je voyais en eux cinq dispositions : Les uns avaient leur corps lumineux, leur âme toute de feu ; les autres avaient leur corps pâle comme la mort, et leur âme

(1) Et voilà encore une autre prière du Canon de la messe *Unde et memores*.

(2) Jésus est figurativement abandonné aux hommes, comme sur la croix, mais il verse toutes ses grâces pendant toute la messe.

ténébreuse (1). D'autres avaient le corps couvert de poil, et dans leur âme ils étaient remplis des souillures de l'humaine faiblesse (2). D'autres dans leur corps étaient entourés d'épines très-aiguës, et dans leur âme ils ressemblaient à des lépreux (3). D'autres enfin, dans leur corps étaient couverts de sang, et dans leur âme ils paraissaient fétides comme un cadavre en pourriture (4). Et de tous ceux-ci qui recevaient les mêmes Sacrements, les uns étaient pénétrés de cette lumière de feu, les autres étaient comme plongés dans les ténèbres d'un nuage obscur.

Et après l'achèvement des saints Mystères, pendant que le prêtre se retirait de l'autel, la lumière sereine, qui, partant du ciel, avait tout illuminé l'autel, comme il a été dit, fut ramenée en haut vers les secrets célestes. Et j'entendis encore une voix du haut du ciel me dire : « C'est à Jésus-Christ, Fils de Dieu, suspendu au bois de sa Passion, que l'Église est associée dans l'initiation des divins secrets, elle qui a été dotée

(1) C'est l'orgueil et l'envie.
(2) C'est la volupté et la gourmandise.
(3) C'est l'avarice et la paresse.
(4) C'est la colère.

de son précieux sang. Et elle le prouve toutes les fois qu'elle s'approche de l'autel pour demander sa dot ; et elle considère avec grand soin avec quelle dévotion ses enfants s'approchent pour participer aux divins Mystères. »

SEPTIÈME VISION.

L'ANTECHRIST.

Je vis ensuite une lumière ardente d'une aussi grande étendue que peut l'être l'ombre d'une montagne énorme et fort élevée, qui se divisait à son sommet en plusieurs langues (1). Et devant cette lumière il y avait une multitude d'hommes en blanc, devant lesquels était un voile transparent comme le cristal qui les couvrait depuis la poitrine jusqu'aux pieds (2).

(1) C'est la même lumière de la 5e vision, p. 55, n° 2, qui étincelait comme l'aurore, sous laquelle apparaissait des ténèbres très-épaisses. Cette montagne est l'Église (p. 1, n° 1). Après le retour des Juifs représentés par l'aurore, vient le règne de l'Antechrist ; après la conversion de toutes les langues, de tous les peuples à la religion, paraît l'Infâme.

(2) Ce sont évidemment les mêmes personnages de la 5e vision, p. 53, n° 3, couverts de voiles blancs, plus

Mais devant cette multitude il y avait un ver énormément gros et grand, qui se tenait couché dans un chemin (1) ; d'une si grande horreur et d'une si grande fureur qu'on ne saurait l'exprimer. A sa gauche était une place publique, dans laquelle on remarquait étalés les richesses des hommes, les objets de leur volupté, et plusieurs autres choses dont ils faisaient trafic (2). Et dans cette place étaient aussi des gens qui s'agitaient beaucoup, sans se livrer au commerce (3), et d'autres qui, marchant plus lentement, s'occupaient du négoce (4).

Or, ce ver noir, couvert de poils, d'ulcères et de sanie, avait de la tête aux pieds sur le ventre plusieurs variétés de couleurs en forme d'anneaux ; l'une était verte, l'autre blanche, l'autre rouge, l'autre jaune et l'autre noire, et était rempli d'un venin mor-

brillants que le soleil, après lesquels venaient les ténèbres.

(1) Le chemin de la vie.

(2) Oui, de la vie des villes principalement, où germe plus aisément la corruption.

(3) Les oisifs.

(4) Et les négociants : les uns pour jouir des marchandises étalées, les autres pour fournir par leur commerce au luxe et à la débauche.

tel (1). Et sa tête avait été brisée à tel point,
que sa mâchoire gauche paraissait tomber
en dissolution (2). Ses yeux étaient pleins de
sang au dehors et de feu au dedans (3) ; ses
oreilles étaient rondes et velues (4) ; ses narines et sa bouche étaient comme celles de la
vipère (5) ; ses mains ressemblaient à celles
de l'homme (6) ; ses pieds étaient comme
ceux de la vipère (7) ; et sa queue écourtée
était d'un aspect repoussant (8). Une chaîne
avait été mise à son cou, qui lui liait aussi
les mains et les pieds ; et cette chaîne était
solidement attachée à la pierre de l'abîme,

---

(1) L'Antechrist devant sortir de France, ces couleurs sont allégoriques : 1° l'Empire, couleur verte ;
2° la Restauration, couleur blanche ; 3° la fausse république, couleur rousse ; l'hypocrisie, sous le beau
règne jusqu'à l'Antechrist, couleur jaune ; enfin
l'Antechrist, couleur noire.

(2) C'est bien l'ancien serpent, dont la tête avait
été brisée, comme le rapporte l'Apocalypse ; et s'il
reparaît à cette époque devant cette multitude d'hommes c'est qu'il est délié à la fin pour animer l'Antechrist, et séduire une dernière fois les hommes. Tel
est l'objet de cette vision.

(3) Comme signes de sa cruauté et de sa fureur.

(4) Comme celles de la Bête.

(5) *Væ* : V.

(6) Il animait l'Antechrist qui est un homme.

(7) Cet animal rampant.

(8) Il avait l'astuce et le cynisme du singe.

et elle l'avait si fortement serré (1), qu'il ne pouvait se mouvoir ni d'un côté ni d'un autre, pour se livrer à sa perversité.

Or, de sa bouche sortaient quantité de flammes se divisant en quatre parties : l'une s'élevait jusqu'aux nuages, l'autre brûlait au milieu des hommes du siècle, une autre attaquait les parfaits, une autre descendait jusque dans l'abîme. La flamme qui montait vers les nuages s'en prenait aux hommes qui voulaient s'élever dans les nues : Et il y en avait de trois sortes. Une troupe était près des nuages, l'autre troupe se tenait dans le milieu qui est entre les nuages et la terre, et l'autre rasait la terre; mais toutes trois répétaient à cris redoublés : « Allons au ciel » (2). Mais renversés çà et là par cette flamme, quelques-uns ne tombaient pas, d'autres se tenaient à peine sur leurs pieds, d'autres tombaient par terre, mais se relevaient pour se diriger vers le ciel. Quant à cette flamme qui se répandait parmi les hommes du siècle, elle en brûla plusieurs et les rendit tout noirs, et elle en transperça plusieursde sa pointe, de sorte qu'elle les ame-

(1) Les martyrs de 1793 ont serré sa chaîne.
(2) Les mêmes martyrs.

nait à tout ce qu'elle voulait (1). Mais quelques-uns, s'en échappant pour accourir vers ceux qui se portaient aux cieux : « O vous, s'écriaient-ils avec les mêmes accents, justes, venez à notre secours, » tandis que plusieurs autres demeuraient transpercés. Et cette flamme qui attaquait les parfaits (2) les couvrit de son ombre (3). Et je les aperçus sous six différentes formes. Car cette même flamme les affligea d'un cruel incendie ; mais sur ceux qu'elle ne put atteindre, elle lança vivement ce venin de couleur verte (4), blanchâtre (5), rouge (6), jaune (7) et noire, (8), qui sortait du ver de la tête aux pieds (9). Et la flamme qui descendait vers l'abîme, avait en elle-même différents genres de supplices contre ceux qui, n'étant point

(1) Les méchants de la même époque.

(2) De l'époque qui suivait.

(3) La religion, quoique persécutée à peine jusqu'à l'Antechrist avait néanmoins à souffrir sous l'ombre de Satan.

(4) Premier Empire.

(5) La Restauration.

(6) La fausse république.

(7) L'hypocrisie sous le beau règne.

(8) Les commencements de l'Antechrist en France.

(9) C'est-à-dire depuis les premières années du siècle jusque vers les dernières années.

purifiés par les eaux du baptême, ignorant la lumière de la vérité et de la Foi, avaient reconnu Satan pour leur dieu (1).

Je vis sortir aussi de sa bouche en sifflant des flèches très - aiguës (2) ; sa poitrine exhalait une fumée noire (3); de ses reins partait en bouillant une liqueur envenimée (4); de son ventre s'échappait un tourbillon de vapeurs (5); et de l'extrémité de ses entrailles fourmillait la tourbe impure des marécages (6); et tous ces fléaux remplissaient les hommes d'une grande inquiétude. Et de ce ver partait un nuage affreux avec la plus pernicieuse contagion pour corrompre la plupart des gens par sa malice (7).

Et voilà qu'une grande multitude d'hommes (8) s'avança revêtus d'une grande clarté ; et elle tourmentait vivement ce ver,

(1) C'étaient tous les infidèles de la même époque.

(2) C'étaient les grandes guerres.

(3) Le dérangement des saisons.

(4) Les pestes.

(5) Les chemins de fer, les usines.

(6) Les mauvaises doctrines, les sociétés secrètes et tous les fauteurs des mœurs dépravées.

(7) Après , venait le règne de l'Antechrist en personne par tout l'univers.

(8) Les derniers martyrs de cette même époque et sous l'Homme de mal.

en le foulant tout aux pieds avec courage, de manière cependant qu'ils ne pouvaient être blessés ni par ses flammes, ni par son venin. Et j'entendis encore une voix du ciel me dire : « Dieu, qui règle tout avec justice et droiture, appelle les peuples à la gloire du céleste héritage, tandis que l'ancien Séducteur, dressant ses embûches, essaye de les en détourner, et exerce contre eux les ruses de sa méchanceté. Mais, vaincu par eux, il reçoit la honte de ses folles prétentions, puisqu'ils possèdent la céleste patrie, tandis que lui-même est plongé dans les horreurs de l'enfer. »

FIN DU DEUXIÈME LIVRE.

IIIe LIVRE.

Le temple de Jérusalem.

Gloria Spiritui Sancto.

> *Le temple de Dieu! le*
> *temple de Dieu! C'est le*
> *temple de Dieu!* (Jérémie,
> 7, 4.)

PREMIÈRE VISION.

L'ÉTOILE.

Et moi, qui ne suis parmi tous les hommes, dont je suis issue, qu'une indigne de porter le nom d'homme, à cause de la transgression de la loi de Dieu, puisque appelée à la justice, je vis dans l'iniquité, à moins que par la grâce de Dieu qui me sauvera quand même, je puisse encore me considérer comme sa créature, j'ai tourné mes regards vers l'orient (1); et là j'ai vu un monolythe extrê-

(1) C'est l'endroit où se trouve le salut, p. 8, n° 4, p. 46, n° 1.

mement large et haut, couleur de fer (1).
Au-dessus était une nuée d'une éclatante
blancheur, sur laquelle était un trône royal
de forme ronde (2); sur ce trône siégeait un
brillant jeune homme (3), d'une gloire
admirable, et d'une si grande clarté, que
je ne pouvais même distinguer ses formes.
Et il avait comme en son cœur un limon
noir et glaiseux (4), large comme la poitrine d'un homme, et entouré de pierres
précieuses et de perles fines.

Et de ce brillant jeune homme assis sur
le trône partait un grand cercle d'or (5),
comme l'aurore (6) qui se portait de l'orient
au septentrion et de l'occident au midi, se
reflétant sans fin à l'orient sur ce brillant
jeune homme (7). Or, ce cercle était à une
si grande hauteur de terre, que je ne pouvais le comprendre; il produisait de lui-
même une splendeur terrible, couleur de

(1) L'Église, p. 1, n° 1, p. 48, n° 2.
(2) Cet empire n'a pas plus de limites que n'en a
le cercle.
(3) Jésus-Christ.
(4) L'interprète, p. 2, l. 10, p. 11, n° 4.
(5) Un arc de paix et de charité. Y de la planche.
(6) La sainte Vierge, p. 10, n° 1.
(7) C'est vers l'Orient qu'est portée l'espérance, Jésus-Christ est appelé Orient.

pierre, de ciment et de feu (1). Se portant vers les hauteurs du ciel dans toute son ampleur, il plongeait de même en dessous dans les profondeurs de l'abîme, de manière que je ne pouvais en voir la fin (2).

Alors je vis du secret même (3) de celui qui est assis sur le trône une grande étoile (4), et avec elle une grande multitude de brillantes étincelles. Mais, lorsque ces étincelles (5) furent amenées vers le midi (6) avec cette étoile, elles traitèrent d'étranger celui qui était assis sur le trône, et se détournant, elles s'égaraient vers l'Aquilon plutôt (7) qu'elles ne désiraient de le voir. Mais à peine avaient-elles détourné la vue, que toutes s'éteignirent et se changèrent en de noirs charbons (8). Et voici qu'un tour-

(1) Pour marquer la solidité de ses fondations, la vivacité de son union, et l'ardeur de son zèle.

(2) C'est Dieu selon la description de l'étoile Y. *A summo cœlo egressio ejus et occursus ejus usque ad summum ejus* (Ps. 18, 7).

(3) Du cœur, p. 9, n° 3.

(4) L'étoile désigne le Grand Pontife.

(5) Les autres puissances, les autres empires.

(6) Dans le feu des tribulations.

(7) Vers l'enfer, 3e vision, p. 8, n° 4.

(8) Ceci démontre la promptitude du secours du Tout-Puissant contre tous les empires en faveur de l'étoile.

6

billon impétueux s'éleva par la puissance de l'étoile (1), qui, tout à coup les lança du midi derrière le trône jusqu'à l'Aquilon pour les précipiter dans l'abîme, où il me fut impossible de les revoir. Mais cette grande splendeur (2), qui leur fut ainsi enlevée, je la vis aussitôt après leur anéantissement, revenir vers Celui qui siégeait sur le trône (3). Et j'entendis Celui qui était assis sur le trône me dire : « Écris ce que tu vois et ce que tu entends. »

Et j'ai répondu d'après la connaissance que j'avais de cette vision : « Je vous prie, ô mon Seigneur, de me donner l'intelligence, afin que je puisse reproduire d'une manière convenable ces mystères. Ne m'abandonnez pas, mais confirmez en moi ce que j'entrevois de l'aurore de votre justice (4), dans laquelle s'est manifesté votre Fils ; et donnez-moi ce qui m'est nécessaire pour avoir les moyens et le courage d'annoncer votre divin conseil qui se réalise conformément à vos anciens décrets : Vous avez voulu l'Incarnation, et que votre Fils se

(1) *Ab ipsius.*
(2) L'étoile.
(3) L'union de l'étoile à Jésus-Christ.
(4) De la sainte Vierge, p. 10, n° 1.

fit homme au temps déterminé. Vous avez
résolu avant toute créature dans la simplicité
de votre être et sous le feu de la colombe,
c'est-à-dire du Saint-Esprit, que votre propre Fils, à son admirable lever comme un
soleil, se revêtit véritablement de l'humanité
dans celle qui fut à la tête de la virginité,
et qu'il prit la forme humaine par amour
pour l'homme. »

Et je l'entendis de nouveau me dire :
« Oh! qu'ils sont beaux tes yeux dans ce
divin récit, où, selon la volonté divine, l'aurore (1) se révèle. » Et j'ai répondu, d'après
la connaissance que j'avais de cette vision :
« Il me semble au fond de mon cœur, que
je suis comme la cendre d'une pourriture en
poudre, comme une poussière sans consis-
tance. C'est pourquoi je me tiens dans l'ombre, comme cachée sous l'aile, mais ne me
rejetez pas de la terre des vivants comme
une étrangère (2), car je travaille avec beaucoup de peine à cette vision, et même dans
l'humiliation où me plonge l'insuffisance
de mes facultés, qui est le propre de ma nature, je me considère souvent au rang le

(1) La sainte Vierge, p. 10, n° 1.
(2) L'interprète étranger, p. 11, n° 2.

plus bas, comme à la dernière place, parce
que je ne suis pas digne d'être comptée
parmi les hommes, et que je crains extrêmement, dans ma timidité, de raconter vos
mystères. O le meilleur et le plus doux des
pères, enseignez-moi quelle est votre volonté, ce que je dois dire : O vous, Père re-
doutable, mais le plus débonnaire, ô vous
qui avez les mains chargées de toutes les
grâces, ne m'abandonnez pas, mais con-
servez-moi dans votre miséricorde. »

Et je l'entendis encore me dire : « Annonce maintenant ce que tu sais; je veux
que tu parles, quoique tu ne sois que poussière. Dis la révélation du pain (1), qui est
le Fils de Dieu, qui est la vie dans son
amour de feu, lui qui ressuscite tous les
morts en corps et en âme, et qui remet les
péchés absous dans une clarté sereine ; car,
il est le Principe de la rénovation de la sainteté dans l'homme avant qu'il le ressuscite
en lui-même. C'est pourquoi le Dieu magnifique, glorieux et incompréhensible a donné
à l'homme un grand secours, en envoyant
son Fils dans la pureté de la virginité (2),

(1) De Bethléem.
(2) L'Immaculée Conception.

qui n'ayant contracté aucune souillure dans sa virginité, n'a jamais perdu sa force. Il ne peut, il ne doit y avoir dans l'esprit de la Vierge aucune tache originelle, parce qu'elle était la meurtrière et la mort même de la mort du genre humain. Oui, la mort fut trompée, sans le savoir, comme en un sommeil, lorsque le Fils de Dieu vint au milieu du plus profond silence dans cette aurore, c'est-à-dire dans une humble Vierge (1). La mort avançait tranquille, ne sachant pas la vie que cette douce Vierge portait dans son sein, car sa virginité lui était cachée. Et cette Vierge était pauvre des richesses de la terre, parce que la divine Majesté la voulut prendre dans cet état. »

« Écris donc maintenant touchant la vraie connaissance du Dieu créateur qui se révèle dans sa bonté.

(1) Ce mot *aurore* n'est plus notre interprétation, c'est celle de sainte Hildegarde.

DEUXIÈME VISION.

LE TEMPLE DE JÉRUSALEM.

Je vis ensuite au milieu du cercle (1) [Y],
qui partait du jeune homme assis sur le
trône comme une immense montagne (2),
unie à la carrière de la pierre énorme, au-
dessus de laquelle étaient et le nuage et le
trône et celui qui y siégeait, de sorte que
cette pierre paraissait avoir en hauteur la
même dimension que la montagne avait en
largeur (3).

Et sur cette montagne était placé un édifice quadrangulaire, qui présentait la forme
d'une ville carrée; et le site en était un peu
oblique (4). L'un des angles regardait l'orient,
l'autre l'occident, l'autre le septentrion et
l'autre le midi. Or, l'édifice avait dans son

(1) Première vision, p. 70, n° 4, III° livre.
(2) L'ancien peuple Juif privilégié.
(3) III° livre, 1™ vision, n°° 1, 2, 1, 2. Les élus
furent en aussi grand nombre sous l'ancienne Loi,
mais ils furent moins parfaits.
(4) De 23 degrés (voir la planche) pour marquer
que cet édifice s'élevait depuis le déluge, où les orbites ont été inclinées, quoique les patriarches antédi-
luviens y soient compris.

enceinte une muraille de deux formes différentes, l'une de ces formes était lumineuse comme la lumière du jour [EN]; et l'autre était comme l'assemblage de pierres de taille, qui se joignait à l'autre mur oriental (1) [NOME], et à l'angle occidental (2); en sorte que la partie lumineuse du mur s'étendait d'un seul tenant et sans interruption (3) depuis l'angle oriental jusqu'à l'angle septentrional; et l'autre partie du mur en pierres de taille s'étendait depuis l'angle septentrional, jusqu'à l'angle occidental et à l'angle méridional, ayant deux lacunes, savoir de l'angle occidental à l'angle du midi (4) [OM[.

Or, la longueur de l'édifice était de cent coudées et sa largeur de cinquante coudées (5), et sa hauteur de cinq coudées; de sorte que sur les côtés les deux murs étaient

(1) Aux Juifs des premiers temps par Jérusalem.

(2) Aux 72 disciples répandus à Rome et en France.

(3) Il n'y a aucune interruption dans l'Église de Dieu : elle est toujours lumineuse.

(4) Mahomet et le Protestantisme.

(5) Pour montrer que la loi de grâce était pour le temps d'un espace deux fois moindre que pour la loi de nature et la loi écrite.

de la même longueur (1), et les deux murs de ce même édifice étaient de la même largeur sur la façade (2) et à son extrémité (3). Et ces quatre murs étaient autour du même édifice partout de la même hauteur (4), excepté les redoutes qui la dépassaient de portée en portée (5).

La distance qui se trouvait entre cet édifice et cette lumière, qui s'échappait de ce cercle dans les profondeurs de l'abîme, n'était que d'un palme à l'angle oriental (6) [E]; mais ailleurs, c'est-à-dire au septentrion, à l'occident et au midi ce cercle était si éloigné de l'édifice, que je ne pouvais en aucune manière en mesurer l'étendue.

Et, tandis que j'étais saisie d'admiration, celui qui siégeait sur le trône, me dit encore : « La Foi, qui chez les Saints de l'an-

(1) De cent coudées.

(2) Lumineuse de l'orient au septentrion.

(3) De l'occident au midi, de 50 coudées.

(4) Les cinq patriarchats avant la loi de grâce : Adam, Noé, Abraham, Moïse et Élie; et les cinq patriarchats de la loi de grâce.

(5) Les redoutes sont les grandes époques où sont apparus les grands Saints.

(6) Jésus-Christ qui rachetait du septentrion où se trouvait Satan devenu le maître du monde par la chute du premier homme.

cienne Loi, est apparue sombre comme une
œuvre de justice édifiée sur la bonté du
Père, est devenue après l'Incarnation du Fils
de Dieu dans une manifestation toute ouverte, comme une lumière ardente par des
œuvres de lumière, lorsque le Fils de
Dieu, dédaignant les choses passagères, a
enseigné, par son exemple, à les fouler aux
pieds, pour aimer les choses du ciel. Les
anciens Pères, ne fuyant point le monde,
et ne s'en séparant pas, n'honoraient Dieu
que dans la simplicité de leur Foi et dans
une humble dépendance, parce qu'on ne
leur avait pas encore appris à tout quitter. »

TROISIÈME VISION.

L'ÉGLISE DU DERNIER AGE.

Ensuite je vis apparaître au milieu de la longueur de la partie du mur illuminée (1) de l'édifice en question une tour couleur de fer (2), qui flanquait extérieurement ce mur [T] (3). Sa largeur était de quatre coudées (4), et sa hauteur de sept coudées (5), dans laquelle je remarquai cinq statues placées chacune dans chacun des arcs dominé par un clocheton (6). L'une d'elles regardait l'orient, la seconde l'aquilon, la troisième le septentrion, la quatrième était dirigée vers la colonne du Verbe de Dieu [V], dans la-

(1) IIIe livre, 2e vision, p. 77, n° 1.

(2) Appartenant à l'Église. IIe livre, 4e vision, p. 48, n° 2, p. 1, n° 1. IIIe livre, 1re vision, n° 2.

(3) IIe livre, 4e vision, p. 48, n° 2, p. 49, nn 1. Ce mur lumineux représentant la loi de grâce. IIIe livre, 2e vision, p. 77, n° 1.

(4) Représentant les quatre Évangélistes.

(5) Par les sept époques de l'Église animées par le Saint-Esprit aux sept dons.

(6) Les cinq derniers patriarchats de la loi de grâce, sur le modèle des cinq patriarchats de la loi de nature et de la loi écrite. IIIe livre, 2e vision, p. 48, n° 4.

quelle se trouvait la racine du patriarche Abraham, et la cinquième à la tour de l'Église [T'] vers les hommes qui se promenaient çà et là dans l'édifice (1).

Ces images se ressemblaient toutes, en ce qu'elles n'avaient qu'un vêtement de soie, et avaient des souliers blancs, excepté la cinquième (2), qui, en outre, paraissait armée de toute pièce. La seconde et la troisième (3), à la tête nue, à la chevelure blanche éparse, n'avaient point de manteaux. Mais la première (4), la quatrième (5), et la cinquième (6) étaient revêtues de tuniques

(1) II° livre, 4° vision, p. 50, n° 1. Ceux qui croient à l'Immaculée Conception à la fin du monde. 1° le clocheton d'orient désignent les premiers qui ont les yeux clairvoyants et les pieds fermes; 2° le clocheton de l'aquilon, les seconds qui sont ballottés ; 3° le clocheton du septentrion vers le côté de l'enfer, les quatrièmes qui marchent lentement ; 4° le clocheton d'Abraham concernait le retour des Juifs; 5° le clocheton qui regarde la tour de l'Église ou l'édifice de l'Égl.se, le mur lumineux désigne les troisièmes de la fin des temps qui courent çà et là devant l'Image, pour la grande séparation sous l'Antechrist.

(2) Les martyrs sous l'Antechrist.

(3) La première Restauration et la fausse république.

(4) L'époque de 1793.

(5) Les Juifs convertis.

(6) Sous l'Antechrist.

blanches (1). Mais telles étaient leurs mar-
ques distinctives (2).

La première image (3) portait sur sa tête
une mitre pontificale (4), les cheveux blancs
épars (5), revêtue d'un manteau blanc mêlé
de pourpre dans ses deux parties inférieures (6). Et dans sa main droite elle tenait
des lys (7), et d'autres fleurs (8), et dans sa
main gauche la palme (9). « O vie douce!
s'écriait-elle, ô plus doux embrassement de
l'éternelle vie! ô bienheureuse félicité! dans
laquelle on goûte les éternelles récompenses,
où l'on savoure les véritables délices, de telle
manière cependant que je ne puis jamais
jouir, jamais me rassasier de la joie intérieure
que je trouve en Dieu mon Sauveur (10). »

(1) Comme les saints Martyrs dans ces trois époques, décrits dans l'Apocalypse (6, 11, 13, 14).
(2) Il y a dans le texte la 3e et 4e, mais il faut lire
la 4e et la 5e.
(3) Sous le 1er Empire né de la République.
(4) Pie VI, Pie VII.
(5) En signe de douleur.
(6) C'étaient deux pèlerins qui avaient ainsi rougi
le bas de leurs manteaux par un long martyre.
(7) Les rois martyrs de 93.
(8) Le clergé, la noblesse.
(9) Du martyre.
(10) A cause des persécutions sans nombre dont je
suis l'objet.

La seconde, revêtue d'une tunique de pourpre (1), se tenait comme un jeune homme, qui, pour n'être point parvenu à la plénitude de l'âge parfait, n'en avait pas moins la gravité de l'âge mûr. Et elle disait : « Je ne me laisserai point épouvanter par l'horrible ennemi, qui est Satan, ni par l'homme qui m'attaque, ni par le siècle, sous la conduite du Seigneur qui me dirige sans cesse. »

La troisième se cachait le visage avec sa main droite revêtue d'un gant blanc (2), et elle s'écriait : « O corruption ! ô immoralité de ce siècle ! cachez-vous, fuyez loin de mes yeux, parce que mon Bien-aimé a pris naissance en Marie la plus pure des Vierges (3). »

La quatrième était couverte, comme une femme, d'un voile blanc, et revêtue d'un manteau de couleur jaune (4). Et sur son cœur elle portait l'image de Jésus-Christ, autour de laquelle était écrite sur sa poi-

(1) Sous la première Restauration.

(2) Pour marquer la pureté de ses actions.

(3) L'Immaculée Conception a été définie contre la fausse République, comme un antidote aux turpitudes de l'époque actuelle.

(4) Aurore : c'était l'image du beau règne et de la conversion des Juifs sous la protection de Marie, p. 66, n° 6.

trine : *Par les entrailles de la miséricorde de notre Dieu, par lesquelles il nous a visités, apparaissant du haut des cieux.* Et cette quatrième image disait : « Je ne cesse de porter secours aux étrangers, aux indigents, aux pauvres, aux infirmes et aux affligés. »

Or, la cinquième image avait un casque sur sa tête, des brodequins aux pieds, des gants aux mains, et portait dans sa main droite un bouclier suspendu aux épaules, l'épée au côté, et la lance à la main droite. Sous ses pieds elle avait un lion à la gueule béante, la langue haletante, et aussi d'autres hommes, dont les uns sonnaient de la trompette, les autres pour se divertir, faisaient retentir sur divers instruments des airs frivoles, et d'autres jouaient à divers jeux ; mais cette image les foulait aux pieds, comme aussi le lion, et les frappait tous à coups redoublés avec la lance qu'elle tenait de la main droite. Et elle dit : « Je remporte la victoire sur le démon si fort, et sur toi, qui es son cortége, ô haine ! ô jalousie ! sur toi, ô corruption ! qui trompes les hommes par une fatale illusion (1). »

(1) C'est bien Satan avec son suppôt l'Antechrist, et tous ses infâmes partisans qui sont ici vaincus.

Et au milieu de cet édifice je vis deux autres images tournées en face de la même tour (1) [T]. L'une de ces images apparaissait debout sur le pavé du temple (2), au milieu d'un arc de feu sur lequel étaient représentées diverses figures de malins esprits, opposés à cette tour [h]; l'autre (3) était à côté de cet arc, et n'avait aucun arc [é] (4). Et ces deux images portaient leurs regards tantôt vers cette tour, et tantôt vers les hommes qui dans l'édifice entraient et qui en sortaient. Ces images étaient aussi vêtues d'habits de soie, et couvertes depuis le front d'un voile blanc à l'usage des femmes, sans avoir de manteau, mais seulement des brodequins blancs.

La première de ces images (5) avait sur sa tête une couronne avec un triangle de couleur rouge, comme le rouge mêlé d'hyacinthe; ayant sur elle une robe blanche

(1) C'étaient Hénoch et Élie.

(2) C'était Hénoch, qui prêche les Gentils, les idolâtres.

(3) C'était Élie, prédicateur d'Israël.

(4) Pour marquer que ce peuple avait négligé l'arche d'alliance, tandis que les Gentils étaient sous la protection de l'arc en-ciel de Noé.

(5) Hénoch plus près de la création et de la sainte Trinité.

comme la neige, dont les plis reflétaient la couleur verte. Et elle dit : « Je suis victorieuse avec le Fils de Dieu tout-puissant, qui, sorti de son Père dans le monde pour la rédemption des hommes, est retourné vers son Père, lorsque, après être mort dans de grandes souffrances sur la croix, il est ressuscité des morts pour remonter au ciel. Aussi (1) je ne veux pas être confondue en fuyant les misères et les souffrances de cette vie. »

L'autre image (2) était revêtue d'une robe d'un blanc tant soit peu mat (3). Et elle portait sur son bras gauche la croix ornée de l'image de Jésus-Christ, inclinant vers elle sa tête (4). Et elle disait : « Cet Homme-Dieu étant enfant (5), a supporté beaucoup de misères en cette vie ; c'est pourquoi (6), je préfère toujours pleurer et avoir du chagrin pour mériter les joies éternelles, que doit faire partager aux brebis fidèles le noble

(1) Quoique je sois montée au ciel.

(2) Elle.

(3) Car l'éclat des cieux était moins vif depuis le déluge.

(4) Car il représentait saint Jean-Baptiste.

(5) Saint Jean-Baptiste l'a connu enfant.

(6) Bien que j'aie été enlevée aux cieux en corps et en âme.

Fils de Dieu. » Et je voyais que toutes ces images avaient chacune son langage pour révéler le mystère de Dieu et exhorter les hommes.

Alors celui qui siégeait sur le trône, et qui me montrait toutes ces choses, me dit : « Les vertus divines croissaient promptement dans l'ancien Testament par la force et la fermeté de la volonté du Seigneur. Mais là elles ne produisaient à ceux qui les cultivaient dans l'ignorance qu'une joie et une douceur imparfaite, parce qu'alors il n'y avait que l'austérité de la Loi qui corrigeât avec rigueur les délinquants. Mais après, elles apportèrent sous la nouvelle Loi par la grâce de Dieu beaucoup de fruits, et donnèrent avec beaucoup de douceur une nourriture solide et parfaite à ceux qui désiraient les choses du ciel ; puisque dès l'abord, comme il a été dit, certaines choses cachées étaient la marque et le signe des choses futures, ainsi que cette allégorie le démontre dans ses différentes circonstances. »

QUATRIÈME VISION.

LA COLONNE DU VERBE.

Je vis ensuite au delà de cette tour [T], l'annonce de la volonté de Dieu (1). Mais une coudée au-dessous de l'angle (2) qui regardait le Septentrion, je vis une colonne (3) couleur brune (4), qui était appuyée extérieurement à la partie lumineuse du mur de cet édifice, dont il est parlé [V]. Elle était d'un aspect terrible et d'une si grande étendue, tant en largeur qu'en hauteur, que je ne pouvais en mesurer la dimension (5).

Cette colonne avait trois angles, dont la

(1) L'annonce de la fin des temps, car après Hénoch et Élie l'univers n'aura plus que quelques moments d'existence, c'est le secret du Père, p. 9, n° 8.

(2) De l'édifice.

(3) La colonne du Verbe de Dieu, où se trouvait la racine du patriarche Abraham, et vers laquelle le quatrième angle de la tour était dirigé. IIIe livre, 3e vision, p. 81, n° 1. C'était aussi le beau règne sous l'annonce de la fin des temps ; c'est pourquoi elle était tournée vers l'aquilon du côté de l'abîme.

(4) *Calybæi* de la couleur des calybites habitant les cabanes.

(5) C'était la colonne du Verbe de Dieu ; elle est triangulaire pour figurer les trois personnes divines. Le Verbe de Dieu par l'Incarnation touche à l'édifice, qui est l'histoire de l'humanité [i] ; le Père [p] y tou-

saillie était affilée de bas en haut comme une épée : le premier était tourné vers l'orient [i], le second vers le septentrion [s], et le troisième vers le midi [p], et touchait à peine l'édifice extérieurement (1). Et de l'angle tourné vers l'orient il sortait des rameaux depuis la racine jusqu'à son sommet. Auprès de la racine, je vis dans le premier rameau Abraham assis (2); dans le second était Moïse, dans le troisième était Josué, et ensuite d'autres patriarches et prophètes s'élevant chacun par ordre dans chaque rameau, selon le temps qu'ils s'étaient succédé l'un à l'autre sur cette terre. Et ils se tournaient tous vers l'angle de cette même colonne qui regardait le septentrion (3), et ils y admiraient les choses futures qu'ils y avaient vues en esprit. Et entre

che presque par la création, et le Saint-Esprit [s] qui en paraît plus éloigné à l'angle extrême, illumine l'édifice et le traverse du nord au midi.

(1) C'était du côté de l'orient, comme il a été dit, que la colonne était jointe extérieurement au corps de l'édifice en-dessous du mur lumineux, mais le côté tourné vers le midi touchait à peine l'édifice.

(2) *Columnam Verbi Dei, in cujus radice Abraham patriarcha residebat.* IIIe livre, 3e vision, p. 81, n° 1. Tout s'enchaîne.

(3) C'est-à-dire l'abîme en Adam qui avait com-

ces deux angles, l'un tourné vers l'orient et l'autre tourné vers le septentrion, la colonne devant les figures de ces patriarches et de ces prophètes prenait une forme noueuse et arrondie [s i], pleine d'aspérités comme le bourgeon s'élève ordinairement de l'écorce (1). Et de ce second angle tourné vers le septentrion partit une lumière d'un admirable éclat qui s'étendait et se réfléchissait jusqu'à l'angle tourné vers le midi [Z]. Et dans cette lumière, qui embrassait ainsi un si vaste espace, je vis les Apôtres, les Martyrs, les Confesseurs, les Vierges et d'autres Saints en grand nombre, qui marchaient dans une grande joie. Le troisième angle tourné vers le midi [p] était large et étendu dans le milieu, mais au fond et au sommet, un peu plus étroit et resserré dans la forme d'un arc destiné à lancer des flèches.

Sur le haut de cette colonne, je vis une lumière si vive, que le langage humain ne

mencé notre ruine, par lequel l'édifice était joint par conjonction au mur lumineux de la loi nouvelle, et c'était là que se trouvait la colonne du patriarche Abraham, le père des croyants.

(1) Il ne faut pas oublier que cette colonne est la colonne du Verbe, d'où sont sortis comme de sa séve tous les Patriarches et les Prophètes.

saurait l'exprimer, dans laquelle apparut une colombe (1) tenant en son bec un rayon de couleur d'or, qui frappait cette colonne d'une grande splendeur. Et tandis que j'y jetais les yeux, j'entendis une voix du ciel, qui me remplissait de terreur (2), et disait : « Ce que tu vois est divin. » Et cette voix me fit trembler au point que je ne pouvais plus regarder de ce côté.

Je vis alors dans l'édifice en question une image debout sur le pavé de l'édifice devant cette même colonne (3) [i] ; elle se tournait tantôt du côté de la colonne, tantôt vers ces mêmes hommes qui parcouraient l'édifice. Et cette image jetait un si grand éclat et une illumination telle, que je ne pouvais, à cause de cette splendeur qui l'environnait, ni jeter les yeux sur son visage, ni même considérer ses vêtements ; si ce n'est qu'elle m'apparut, comme les autres vertus, sous la forme humaine. Et autour de cette image,

(1) La femme qui suit le grand Monarque figurée par la colombe de l'arche de Noé.

(2) C'était la voix du Souverain-Juge.

(3) L'interprète [i] qui verra l'accomplissement de toutes les Écritures, et sur lequel vient se reposer la lumière de la colombe *hic*, et la lumière du Christ, p. 2, n° 2, est le sujet de l'étonnement de la Sainte. C'est le Pasteur Angélique.

7*

je vis la troupe la plus belle ayant la forme
des Anges, aux ailes déployées, se tenant
dans une si grande vénération, qu'elle la res-
pectait et l'aimait tout à la fois. Mais devant
elle je vis une autre multitude de forme humaine, couverte de deuil et remplie d'une
grande crainte (1). Ces hommes venus du
monde, l'image en question les regardait, et
leur faisait prendre dans l'édifice de nouveaux vêtements, en disant à chacun d'eux ·
« Respectez l'habit dont vous venez de vous
revêtir, et n'oubliez pas votre Créateur qui
vous a créé. »

Et, tandis que j'étais dans l'admiration
de toutes ces choses, Celui qui siégeait sur
le trône, me disait encore : « Le Verbe de
Dieu, par qui tout a été fait, était avant tous
les temps engendré du Père, mais ensuite,
vers la fin des temps, comme l'ont prédit les
Saints de l'ancien Testament, il s'est incarné dans le sein d'une Vierge ; et, bien
qu'il ait pris l'humanité, il n'a pas cessé
d'être Dieu, mais, étant avec le Père et le
Saint-Esprit un seul et vrai Dieu, il a ra-

(1) D'un côté les justes aidés des Anges et parfaitement élevés par les ailes de la spiritualité, de l'autre
les pécheurs. Mais ces pécheurs, p. 45, l. 18,

mené le monde par sa douceur, et l'a éclairé de l'éclat de sa lumière. »

CINQUIÈME VISION.

LA COLÈRE DE L'AGNEAU.

(1) Je vis ensuite apparaître à l'angle septentrional de conjonction des deux murs de l'édifice de forme différente [N] (2) une tête d'une beauté remarquable, immobile et fixée extérieurement depuis le cou à ce même angle. Cette tête était aussi élevée de terre que l'angle lui-même, étant égale à la sommité de l'angle, mais sans le dépasser (3). Cette tête, couleur de feu, brillant comme l'éclat de la flamme, était terrible à voir, et lançait des regards courroucés vers l'aquilon [F] (4). Depuis le cou

(1) Au côté droit de la colonne de la vérité du Verbe de Dieu. 4ᵉ vision.

(2) L'une lumineuse et l'autre obscure. 2ᵉ vision, p. 77 nº 1.

(3) Cette tête est celle de Jésus-Christ même, immobile dans sa loi, immobile dans l'Eucharistie, et qui ne dépasse la mesure des forces humaines qu'autant qu'il anime ses Saints par sa grâce à suivre les voies extraordinaires, comme cela est démontré pour la tour et la colonne déjà décrites. C'est, en effet, sur les forces habituelles qu'il jugera dans son immutabilité les mortels.

(4) Vers l'enfer. IIᵉ livre, 3ᵉ vision, p. 8, nº 4.

jusqu'en bas, je n'ai point aperçu ses formes, parce que le reste de son corps était caché et renfermé dans cet angle de l'édifice (1). Et j'ai vu que cette tête avait la forme nue d'une tête humaine, sans avoir de longue chevelure, ni de voile comme les portent les femmes, et tenant plus dans ses traits de l'apparence de l'homme que de la femme ; et elle inspirait une terreur profonde (2).

Or, cet homme avait trois ailes d'une admirable envergure en largeur et en longueur (3), blanches comme un blanc nuage ; et elles ne s'élevaient pas en l'air, mais elles étaient seulement déployées horizontalement chacune dans sa direction, de manière à dépasser un peu la tête en hauteur (4). La

(1) Car Jésus-Christ se confond dans ses membres avec l'Église, dont il est le chef ; et l'édifice, avons-nous dit, représente l'Église. 2ᵉ vision, p. 77, nᵒ 3, IIIᵉ livre.

(2) Jésus-Christ n'a pas de chevelure pour ornement : il est Nazaréen, il n'a pas besoin de voile pour apparaître devant la Divinité, puisqu'il est pur et Dieu ; il a toutefois dans ses traits quelque chose de la douceur de la femme, parce qu'il est uniquement né d'une Vierge, ce qui n'empêche pas que la terreur puisse y régner contre les impies.

(3) Ces ailes désignent les trois adorables Personnes.

(4) La sainte Trinité s'abaisse vers l'homme depuis l'Incarnation.

première partant de la joue droite se dirigeait vers l'aquilon, la seconde, au milieu, partant de la bouche, s'étendait vers le septentrion, la troisième, du côté de la joue gauche, regardait l'occident. De temps à autre elles s'agitaient terriblement, frappant des trois côtés, ou même sans frapper (1).

Et je n'entendis pas cette tête proférer un seul mot (2), mais demeurant immobile en elle-même, elle frappait de temps à autre dans la direction où les ailes s'étendaient (3), comme il a été dit.

Alors j'entendis celui qui siégeait sur le trône, me dire : « Dieu, qui a exercé son zèle avec rigueur sur l'ancien peuple, s'est montré d'un accès plus facile et plus doux au nouveau peuple, par amour pour son Fils. Ce n'est pas qu'il soit indifférent (4), en dissimulant avec négligence les péchés de

(1) C'étaient les grandes révolutions de l'histoire, et les temps plus ordinaires, où la Divinité faisait toujours éprouver les effets d'une crainte salutaire.

(2) Car Jésus-Christ dans la sainte Eucharistie demeure silencieux dans le cours des siècles, *il ne criera point* (Isaïe, 42, 2).

(3) L'adorable Trinité, sans autre manifestation du Christ, frappe les peuples et les nations sur les trois côtés.

(4) Comme le représentent les déistes actuels.

ceux qui l'offensent ; mais, tout en attendant, dans sa miséricorde, la véritable et
sincère pénitence d'un cœur purifié, il ne
peut souffrir la méchanceté du cœur endurci,
et il le punit dans son inexorable justice. »

SIXIÈME VISION.

L'HISTOIRE :

Les grandes figures de l'ancien Testament. Noé, Abraham, Jacob ; Moïse, Aaron, Gédéon ; saint Jean-
Baptiste et saint Paul.

Je vis entre l'angle du Septentrion et
l'angle de l'occident le mur [N O] de cet édifice rempli d'arcades à l'intérieur comme une
balustrade, sans être ouvert comme les balustres. Mais ce mur plein avait dans chacun
de ses arcs, comme la peinture de l'histoire (1). Dans la partie extérieure de ce
mur, je vis deux autres murs plus petits [j g],
ayant leur longueur comprise entre les deux
angles septentrional et occidental [N O], et
qui étaient joints aux deux angles à leurs
deux extrémités en forme de voûte (2). Et

(1) C'est le mur de l'histoire avec ses variations
comme des arcades, qui se suivent sans interruption
dans la chaîne des faits historiques.

(2) Quoiqu'il ne soit pas dit que ces deux petits

la hauteur de ces deux petits murs était de trois coudées (1). La distance entre le mur arqué à l'intérieur et le mur du milieu [g] était d'une coudée; et la distance entre le mur extérieur [j] et ce même mur du milieu [g] n'était que d'un palme de la main d'un enfan t(2).

murs dans leur épaisseur et la distance qui les sépare soient compris dans l'espace des cinquante coudées de façade de l'orient au septentrion, nous plaçons ces deux murs moins hauts en deçà de l'épaisseur du mur arqué principal; parce qu'il est dit que la colonne du Verbe touche à ce mur principal dans l'espace de cinquante coudées, et que si les deux petits murs formant galerie, étaient extérieurs et hors ligne, non-seulement la disposition de cette colonne ne serait pas conservée, mais encore ces deux petits murs n'iraient plus, comme cela est dit, du septentrion à l'occident, puisque la colonne du Verbe y ferait obstacle.

(1) Le premier petit mur à l'extérieur n'était séparé que d'un palme d'enfant. C'est le commencement de l'Église de Jésus-Christ aux premiers temps des Apôtres. Le mur du milieu était à la distance d'une coudée du mur intérieur arqué, c'est-à-dire de 300 ans. (IIIe livre, 9e vision, notes 1 et 3.) Et dès l'abord la hauteur de ces deux murs était de trois coudées de trois Patriarchats : Antioche, Jérusalem et Rome, et après les 300 ans, la hauteur du troisième mur de cinq coudées représente les cinq Patriarchats, en y ajoutant Constantinople et Alexandrie.

(2) C'est la divine Providence qui défend les hommes

Je vis à l'intérieur de l'édifice, dans le mur arqué dont il est parlé, six statues [A n J à m G] se tenant sur le pavé du temple. Il y en avait trois, l'une à côté de l'autre, sur le frontispice de ce mur près de l'angle qui regardait le septentrion [N]; et les trois autres, aussi ensemble, à l'extrémité de ce mur auprès de l'angle qui regardait l'occident (1) [O]; et elles étaient toutes tournées vers la peinture de ces arcs du mur intérieur (2). Sur la fin de ce mur, je vis une autre image en dedans de l'édifice, assise sur une pierre (3) [b], placée comme un trône sur le pavé du temple : son côté droit était incliné vers le mur, et elle tournait sa tête vers la colonne de l'adorable Trinité (4) [T']. Et il y avait aussi à l'extrémité

et les dirige dans les faits historiques, et Dieu qui se sépare de leur responsabilité par une coudée semble les tenir cependant par la main de Jésus enfant. Toute l'histoire concourt en effet, à la religion du Christ.

(1) Elles étaient ainsi distinguées : pour la loi de nature, Noé, Abraham et Jacob; et pour la loi écrite, Moïse, Aaron, Gédéon.

(2) Car Moïse est le premier et le principal historien, d'où dépendent tous les auteurs sacrés ou profanes.

(3) La pierre angulaire.

(4) Dont il est parlé à la septième vision.

du mur une autre image se tenant plus élevée sur le mur, et regardant aussi cette
même colonne de l'adorable Trinité [P].

Or, voici l'aspect que présentaient toutes
ces images. Elles étaient revêtues, comme
les premières images, d'habits de soie et de
souliers blancs (1), excepté celle qui était à
droite de la statue du milieu des trois que
j'avais vues à l'une des extrémités du même
mur (2) [b]. Elle paraissait tout entière d'une
si grande pureté et d'une si grande clarté,
que son état m'empêchait de distinguer en
elle aucune forme. Et aussi excepté la seconde image, qui se tenait sur le mur, laquelle avait des souliers noirs (3) [P], toutes
étaient sans manteau, excepté celle du milieu des trois qui était sur la première
partie du mur, laquelle était revêtue d'un
manteau (4) [n]. Il y en avait deux parmi

(1) A cause de l'innocence et de la pureté de ces
saints personnages.

(2) C'était la première des deux distinguée des six
autres images : saint Jean-Baptiste assis sur un
trône, et elle était à côté de Noé (n), parce que Noé
et saint Jean-Baptiste sont les précurseurs du Sauveur du monde.

(3) C'était saint Paul se faisant d'abord persécuteur
de l'Église.

(4) Noé, seul de toutes ces grandes figures, est véri-

les trois supérieures, celles qui étaient à droite et à gauche de celle du milieu [AJ], et deux parmi les trois inférieures, celle du milieu et celle qui était à sa gauche [mG], qui n'avaient point sur leurs têtes de voiles comme les femmes, mais leurs têtes nues laissaient voir leurs cheveux blancs (1). Celle des trois premières qui était au milieu [n], et celle qui était devant le mur comme sur un trône [b], avaient leurs têtes couvertes d'un voile blanc à la manière des femmes (2). Et celle-là même qui tenait le milieu des trois supérieures [n], et celle qui était à sa droite (3) [A] (4) étaient revêtues de blanches tuniques (5).

Mais voici la différence de ces images entre elles. L'image qui était au milieu des trois supérieures [n] avait sur sa tête, en guise de couronne, un cercle de couleur

tablement Roi, et mérite le manteau royal, lui qui est de nouveau le Père du genre humain après le déluge.

(1) Abraham et Jacob, Moïse et Gédéon. C'étaient tous des guerriers.

(2) Saint Jean-Baptiste et Noé.

(3) Pour marquer qu'ils étaient les deux précurseurs de la Foi.

(4) Le texte dit *Stabant* il faut écrire *Stabat*.

(5) Noé et Abraham étaient par leur innocence préservés de la corruption des autres peuples.

jaune, sur lequel étaient écrits ces mots :
BRULE TOUJOURS. Et je voyais qu'à la droite
de cette image volait une colombe qui produisait de son bec ces mêmes paroles (1). Et
cette image disait : « Je suis baignée par
la miséricorde intérieure, d'où coule une
source qui ne veut voir cachés ni l'argent,
ni l'or, ni les pierres précieuses, ni les perles devant les indigents, et devant ceux qui,
dans leur pénurie, n'ont point les choses
nécessaires, et qui, pour cela, versent des
larmes. Maintenant je les consolerai, et je
soulagerai toujours leur misère par amour
pour le Fils de Dieu, qui est doux et aimable, qui répand ses biens parmi les justes,
en guérissant les blessures de leurs péchés
à cause de leur pénitence (2). »

L'autre image, qui était à sa droite [A],
avait sur sa poitrine comme un lion d'un éclat
merveilleux, et à son cou pendait aussi sur
sa poitrine comme un serpent d'une couleur

(1) BRULE TOUJOURS.
(2) C'est la grande figure de Noé, qui reparaît sous
le nouveau Testament, et qui demande, tout mouillé
des eaux du déluge, que la colombe de l'Esprit fasse
toujours lever le divin Soleil de justice pour dessé-
cher les eaux, et faire sourdre les sources qui doivent soulager toutes les misères.

pâle, qui s'entortillait autour d'une verge flexible. Et elle disait : « Je vois le lion lumineux, et je donne tout pour son amour ; mais si je fuis (1) le serpent de feu, je chéris le serpent attaché à la croix.

La troisième image, qui était à la gauche (2) [J], était revêtue d'une tunique semblable à l'hyacinthe tirant sur le rouge (3). Et sur sa poitrine apparut un ange (4) ayant une aile de chaque côté, de manière que l'aile droite de l'ange couvrait l'épaule droite de l'image, et l'aile gauche l'épaule gauche de l'image. Et l'image disait : « Je suis en la compagnie de l'ange, et je ne puis marcher avec les hypocrites qui se déguisent (5), mais je suis en festin avec les justes. »

L'image qui était au milieu de celles qui sont inférieures [m] avait une tunique de couleur jaune (6) ; et sur son épaule droite

---

(1) Abraham avait en lui le lion de Juda ; et le serpent était Dan, prédit par Jacob.

(2) La plus basse des trois supérieures.

(3) C'était Jacob persécuté par son frère Ésaü.

(4) Avec lequel il a lutté, mais étant vainqueur les ailes de l'Ange se confondent avec lui.

(5) Comme Ésaü qui voulut frauder les droits d'aînesse qu'il lui avait vendus.

(6) C'était Moïse qui devait faire entrer le peuple dans la terre promise ; il était l'aurore de la délivrance.

était une colombe de la plus grande blancheur, qui lui soufflait des paroles à l'oreille droite (1) ; et sur sa poitrine il apparaissait une tête d'homme monstrueuse et horrible à voir (2). Et sous ses pieds il y avait aussi des apparences d'hommes broyés et brisés par elle (3). Elle avait dans ses mains un livre ouvert, et d'un côté ce livre, tourné vers le ciel, était inscrit de sept lignes (4) que je voulais et que je ne pus lire (5). Et elle disait : « Je veux être la verge (6) de la correction amère et du châtiment contre ce menteur (7), qui est le fils du démon, parce que le démon est le persécuteur de l'ineffable justice de Dieu. C'est pourquoi je suis cause (8) de ses adversités et de ses malheurs, parce que je ne me suis jamais trouvée sur ses lèvres (9). Je le rejette donc de ma

(1) Le Saint-Esprit pour diriger son peuple.

(2) L'ancien serpent.

(3) Elle remportait la victoire sur Pharaon et les peuples de la Palestine.

(4) Le Pentateuque inspiré par l'Esprit-Saint aux sept dons.

(5) Parce que l'Esprit-Saint n'était pas encore descendu pour m'en donner l'intelligence.

(6) La verge de Moïse.

(7) Le peuple Juif (saint Jean, 8, 44).

(8) Par mes malédictions (Deut., 27).

(9) Quoique ce peuple ait été mon peuple. *Ce peu-*

bouche comme un poison mortel qui donne la mort ; car il n'a pu me confondre dans sa ruse. C'est lui qui est le pire et le plus affreux de tous les malheurs, parce que tout le mal est venu de lui. C'est pourquoi je le renie, je le foule aux pieds dans l'aimable justice de Dieu, qui m'est toujours infiniment aimable (1). J'en suis l'appui, j'en suis le conducteur ; car sur moi s'affermira et persistera tout l'édifice des vertus de Dieu, qui s'édifient dans la perfection. O Dieu fort et très-illustre (2), jetez encore sur nous des regards favorables (3). »

L'autre image qui était à droite de celle-ci [à] avait une figure d'ange, et elle avait de chaque côté une aile volante ; et elle avait l'apparence d'un homme comme les autres vertus (4). Et elle dit : « Je m'oppose (5) à cette guerre satanique qui s'élève opiniâtrement contre moi ; qui dit : » Je ne puis souffrir aucune tribulation, mais je

ple m'honore des lèvres, mais son cœur est bien loin de moi (Isaïe, 29, 13), depuis son déicide.

(1) Parmi les Juifs qui ont reconnu le Messie.

(2) Par les prodiges que vous m'avez fait accomplir.

(3) Pour les renouveler en faveur de ce peuple maudit.

(4) C'est Aaron dans le Saint des Saints, au milieu des Chérubins.

(5) Au veau d'or, aux murmures des Israélites.

veux me délivrer de tout ce qui m'est contraire. Je ne crains personne. Qui crain« drai-je ? Je ne veux craindre personne. Mais ceux qui profèrent ces mauvaises paroles seront par moi rejetés, parce que je suis placée pour me réjouir sans cesse, toujours être dans la joie au milieu de tous les biens. Car le Seigneur Jésus est un Dieu qui pardonne et qui console dans toutes les afflictions, ayant lui-même supporté la douleur en son corps. Et parce qu'il est aussi un juste réformateur, je veux m'unir à lui, je veux toujours soutenir ses épreuves, éloignant de moi toute haine, toute jalousie et tous les maux. O Dieu ! je désire toujours porter la joie sur mon visage au milieu de votre justice. »

La troisième image, qui était à la gauche [G], était revêtue d'une tunique blanche entremêlée de vert (1). Elle avait dans sa main un petit vase d'un éclat incertain, mais qui projetait une grande lumière comme la foudre, en sorte qu'elle environnait et la face et le cou de cette image. Et elle disait : « Je suis heureuse (2). Car le

____

(1) Elle était dans la terre promise : c'est Gédéon.
(2) Dans la terre de promission.

Christ, le Seigneur Jésus me rend et me prépare toute belle et toute blanche, lorsque j'échappe à ce mortel conseil de Satan, qui songe sans cesse à ce dessein pervers d'éloigner de Dieu les âmes, et de les attirer à lui par de mauvaises actions (1). Je fuis ce démon, je le rejette, je l'ai continuellement en horreur, parce que je désire cet ami tendre, que je veux embrasser, que je veux toujours posséder avec joie en tout et par-dessus tout. »

L'image qui, à l'extrémité du mur, était assise sur une pierre [b], était revêtue d'une tunique couleur brune (2). Sur l'épaule droite elle avait une petite croix sur laquelle était l'image de Jésus-Christ, qui tournait en sens divers. Et du haut des nues (3) une grande lumière d'un merveilleux éclat brilla sur son cœur, se divisant d'elle-même en plusieurs rayons, comme se divise le rayon du soleil lorsqu'il passe à travers une infinité de petits pores. Elle avait aussi dans

(1) Je chasse du milieu d'Israël les peuples Palestins, qui lui conseillent des choses contraires à la loi de Dieu.

(2) Saint Jean-Baptiste, vêtu d'une peau de chameau, n'avait ni habit de soie ni souliers blancs, p. 99, n° 1.

(3) Au baptème de Jésus Christ.

sa main droite une baguette en forme d'éventail, au sommet de laquelle étaient trois petits rameaux qui avaient merveilleusement fleuri (1). Puis elle rassemblait sur son cœur une foule de petites pierres précieuses qu'elle considérait avec attention et un soin minutieux, comme un négociant regarde attentivement ses marchandises. Et elle disait : « Je suis la mère des vertus, et je recherche en toutes choses la justice de Dieu. Car dans la retraite de la vie intérieure, comme au milieu du bruit du monde (2), j'attends toujours mon Dieu au fond de ma conscience. Je ne condamne, ni ne repousse, ni ne méprise les rois, les chefs, les magistrats et les autres autorités, qui ont été établis sur la terre par l'auteur de toutes choses (3). Comment ce qui n'est que poussière pourrait-il mépriser la poussière ? Le Fils de Dieu s'adresse à tous du haut de sa croix, en les exhortant par sa justice et sa miséricorde. Et

(1) C'étaient les trois personnes de la sainte famille : Jésus, Marie, Joseph.

(2) Dans le désert, comme au milieu de la foule, dans ma prison, comme à la cour d'Hérode.

(3) *N'ayez rien au delà de ce qui est prescrit.* Prédications de saint Jean-Baptiste.

8

je veux aussi, selon son bon plaisir, suivre le même ordre et la même doctrine (1). »

Enfin, l'autre image qui se tenait à l'extrémité au-dessus du mur (2) [P], avait la tête nue, les cheveux noirs et crépus (3), et sa face était sombre. Elle était aussi revêtue d'une tunique variée, bigarrée de différentes couleurs (4). Et je la vis se dépouiller de ses vêtements, quitter sa chaussure, et tout aussitôt ses cheveux et sa figure resplendirent de l'éclat de la plus pure blancheur dans sa transformation (5), comme un enfant nouveau-né, et tout son corps brilla comme une lumière vive et pure brille de son propre éclat. Je vis alors sur sa poitrine une croix éclatante placée sur un arbrisseau, d'où sortaient deux fleurs, et le lys et

(1) *Qui vous a appris*, s'écrie encore saint Jean, *à fuir la future vengeance ? faites donc de dignes fruits de pénitence.*

(2). Comme une sentinelle vigilante; c'est saint Paul, qui n'avait pas de voile, portant le glaive de la parole, p. 99, n° 3.

(3) Comme ceux d'un furieux qui respirait la vengeance.

(4) Pour marquer la diversité des nations auxquelles il appartenait comme citoyen romain et aussi comme l'apôtre des Gentils.

(5) Sur le chemin de Damas.

la rose (1), qui se penchaient en haut tant soit peu vers cette croix. Et je voyais que cette image secouait avec force et la tunique et la chaussure qu'elle avait quittées (2), de manière à en faire sortir un nuage de poussière (3), et elle dit : «J'abandonne l'ancien Testament, et je me revêts de la sainteté et de la vérité du noble Fils de Dieu dans toute sa justice. Me voici donc réparée par ses biens et dégagée de mes vices. C'est pourquoi, ô mon Dieu, ne vous rappelez plus les fautes et les ignorances de ma jeunesse, et ne tirez pas vengeance de mes iniquités.»

Et, tandis que je considérais attentivement toutes ces choses, celui qui siégeait sur le trône me dit encore : « Qu'aucun des fidèles, qui veut obéir humblement à Dieu, n'hésite à se soumettre à l'humaine puissance, car le gouvernement du peuple est ainsi ordonné par le Saint-Esprit, pour par-

(1) Saint Paul a fait l'éloge de la virginité et du martyre.

(2) Le Judaïsme.

(3) Saint Paul a été appelé l'apôtre des Gentils, et le peuple Juif en grande partie a été rejeté à cause de son déicide, *et l'Apôtre a secoué* sur eux *la poussière qui s'était attachée* non-seulement *à ses pieds*, mais encore à ses habits, car il était de la secte des Pharisiens.

venir au bonheur des hommes sur la terre, comme cela a été figuré chez l'ancien peuple, pour être exécuté avec fidélité et avec courage dans l'économie des choses de l'Eglise (1). »

SEPTIÈME VISION.

LA COLONNE DE L'ADORABLE TRINITÉ
Contre les hérésies des premiers siècles.
Mahomet.

Je vis ensuite à l'angle occidental de l'édifice en question une colonne admirable, scellée, très-fortifiée, de couleur pourpre rembrunie, et placée sur cet angle de manière à être aperçue en dehors comme en dedans de l'édifice (2) [T']. Elle était aussi d'une telle dimension, que je ne pouvais concevoir ni sa grandeur ni son élévation, mais je remarquais seulement qu'elle était

(1) Et c'est la doctrine du Christ par saint Jean-Baptiste et saint Paul, confirmée par la figure du peuple Juif en ses captivités ; et puisqu'il s'agit dans toutes ces visions de l'histoire, ce sont les conclusions du peuple de Dieu : l'obéissance aux autorités constituées.

(2) C'est la colonne de l'adorable Trinité, que regardaient saint Jean-Baptiste et saint Paul. 6ᵉ vision, n° 4, p. 98.

admirablement lisse et sans aspérités (1).

Elle avait dans sa paroi extérieure trois angles de couleur sombre, affilés depuis le haut jusqu'en bas comme le glaive le plus tranchant. L'un de ces angles était tourné vers l'Afrique (2), où était coupée par ce glaive et dispersée çà et là une grande quantité de paille en pourriture. Un autre angle était contre le chœur (3), où étaient tombées beaucoup de petites plumes arrachées par l'autre glaive. Et l'angle du milieu regardait l'occident, où beaucoup de bois pourris étaient à terre hachés par l'autre glaive; et chacune de ces contrées avait été abattue par les glaives de ces angles à cause de leur témérité (4).

(1) Contrairement à la colonne du Verbe de Dieu, colonne de la vérité, qui était noueuse et pleine d'aspérités, pour laisser passer la séve d'où sont sortis les Patriarches et les Prophètes. 4e vision, p. 90, n° 1. Celle-ci était une colonne cachée antérieurement et postérieurement aux peuples qui ont négligé le bienfait de la Rédemption.

(2) L'Afrique, qui a donné la première dans l'hérésie d'Arius, et plus tard dans celle de Pélage.

(3) De l'édifice, et encore contre Jérusalem et les contrées environnantes.

(4) L'Afrique, par l'hérésie d'Arius et de Pélage, est comparée à de la paille en fumier ; Jérusalem, An-

8*

Et celui qui était assis sur le trône, et qui me montrait toutes ces choses, me dit encore : « Ces dons mystérieux, dignes d'admiration, si abondants et restés inconnus, il t'est donné, ô mortel, de les voir clairement ; et je te les montre dans leur vraie lumière, en te permettant de les publier, de les manifester, pour enflammer le zèle dans le cœur des fidèles, qui doivent être les pierres très-pures de la céleste Jérusalem. Car la sainte et ineffable Trinité, essentiellement indivisible, qui était cachée à ceux qui vivaient sous le joug de la Loi, mais qui s'est manifestée sous la Loi de grâce à ceux qui en ont été affranchis, doit être crue par les fidèles dans la simplicité et l'humilité du cœur, comme un seul et vrai Dieu en trois personnes. Mais on ne doit pas approfondir témérairement ce mystère, de peur que celui qui ne veut pas se contenter de la con-

tioche et Constantinople, par l'hérésie de Nestorius, d'Eutichès, des Monothélites, des Iconoclastes, sont comme des ailes arrachées ; l'Occident qui se laisse entraîner par ces hérésies est du bois en pourriture. De la paille, il ne reste rien ; des plumes, rien non plus, mais le bois mort étant ôté, la séve reprend plus vivement dans le bois vert. C'est bien la peinture de ce qui est arrivé par les hérésies dans les premiers siècles de l'Église.

naissance qu'il a reçue du Saint-Esprit,
tout en voulant découvrir plus qu'il n'est
permis, ne tombe, à cause de son orgueil,
dans un état d'autant plus déplorable, qu'il
ne parvient pas à ce qu'il veut insolemment
aborder. Et c'est ce que cette vision démontre (1). »

HUITIÈME VISION.

LA COLONNE DE JÉSUS-CHRIST.

L'échelle de Jacob par les sept esprits : Marie, saint
Joseph, saint Matthieu, saint Pierre, saint Jacques,
saint André et saint Jean-l'Évangéliste. La grâce,
le Protestantisme.

Je vis ensuite sur le mur de pierre de l'é-
difice en question, au delà de la colonne de
l'adorable Trinité, une autre colonne grande
et ombragée (2), qui se voyait du dedans et
du dehors de l'édifice [I]. Et cette colonne

(1) Puisque l'hérésie ne prend naissance que de la
présomption qui veut pénétrer les mystères. Et de
l'hérésie des premiers siècles est venue, ce qui est
encore pire, l'infidélité de tous les peuples soumis à
Mahomet.

(2) La colonne de Marie, recouverte de l'ombre du
Saint-Esprit aux sept dons, pour enfanter Jésus-
Christ. Et de même qu'il y a la colonne du Verbe de
Dieu, il y a aussi la colonne de Jésus-Christ, vivant
en Marie.

m'apparut tellement dans l'ombre que je ne pouvais en connaître ni la grandeur, ni l'élévation. Et entre cette colonne et la colonne de l'adorable Trinité, il y avait un intervalle de trois coudées, où le mur était interrompu ; il n'y avait que les fondations rez-terre, comme cela a été montré précédemment (1). Or, cette colonne ombragée était dans ce même édifice à la place où j'avais vu d'abord dans les célestes mystères devant Dieu cette grande lumière en carré (2) de la plus vive splendeur, qui m'a manifesté sous la plus grande réserve le secret du Dieu créateur (3). C'est aussi dans cette lumière que m'apparut une autre splendeur sem-

(1) 2e vision, p. 77, n° 4. La première interruption que Satan a voulu apporter à l'œuvre de Dieu, mais qui n'a pu tout détruire jusqu'aux fondations, est l'irruption des Barbares et des peuples de l'Islamisme. Mais la colonne de la vraie Trinité était là comme un boulevard inexpugnable, et vis-à-vis se trouvait la colonne de Marie par le Saint-Esprit aux sept dons, qui criait miséricorde en l'échelle de Jacob.

(2) Dans l'édifice quadrangulaire.

(3) Ier livre, 4e vision, p. 9, n° 3. C'est aussi dès ce moment de l'invasion des Barbares et de l'apparition de Mahomet que paraissent fixés les points de départ, pour arriver à l'interprétation des chiffres de l'Apocalypse, qui marquent les termes de la fin du monde, le secret du Père.

blable à l'aurore, qui brillait en elle-même dans les airs d'une clarté toute céleste et couleur de pourpre, et qui m'a montré, par une révélation symbolique, le mystère de l'Incarnation du Fils de Dieu (1).

Et dans cette colonne, depuis le haut jusqu'en bas, il y avait une échelle (2) où toutes les vertus de Dieu descendaient et montaient, chargées de pierres, allant à leur ouvrage avec un zèle qui montrait l'intention de le parfaire. Et j'entendis le jeune homme éclatant qui siégeait sur le trône (3) dire : « Voilà les courageux ouvriers du Seigneur. » Mais, entre ces vertus, j'en remarquais sept, dont je considérais la forme et le costume.

Voici d'abord leur ressemblance. Toutes, comme les vertus dont il est parlé plus haut, avaient des vêtements de soie. Et toutes elles avaient leurs têtes ornées de cheveux

(1) Page 10, n° 1. Cette aurore est la sainte Vierge, qui vient diriger par l'Esprit aux sept dons l'interprète à venir, pour lui faire comprendre la puissance de sa miséricordieuse intercession, afin de conjurer les malheurs qui ont affligé l'Église, au moment de l'irruption des Barbares.

(2) C'était l'échelle de Jacob.

(3) Jésus-Christ.

blancs, et elles s'avançaient sans manteau, excepté la première, qui avait la tête voilée à la manière des femmes, et elle était revêtue d'une chasuble éclatante comme le cristal (1). La seconde avait des cheveux noirs (2), et la troisième ne paraissait pas avoir forme humaine (3). La première, la troisième (4) et la cinquième étaient revêtues de tuniques blanches. Toutes avaient des souliers blancs, excepté la troisième qui n'avait pas forme humaine (5), comme nous l'avons dit, et la quatrième, qui était chaussée de brodequins extrêmements brillants (6).

Voici maintenant en quoi elles différaient. La première image portait une couronne d'or sur sa tête, surmontée de trois ra-

(1) La sainte Vierge.

(2) Saint Joseph.

(3) Saint Matthieu comme le corps des Écritures résumant toutes les Écritures. 1er livre, 1re vision.

(4) La sainte Vierge comme marque de sa pureté, saint Matthieu comme marque de la pureté de sa doctrine, saint Jacques étant évêque de Jérusalem, la cité du grand Roi.

(5) Saint Matthieu, parce qu'il n'avait pas forme humaine, et saint Pierre premier Pape, dont les Rois devaient baiser les pieds.

(6) Saint Pierre.

meaux (1), et brillant de toutes sortes de pierreries et de perles fines. Elle avait sur son cœur un miroir très-pur (2) au milieu duquel apparaissait, dans une grande clarté, l'image du Fils de Dieu incarné (3). Et elle disait : « Je suis l'appui des humbles et le désespoir des cœurs superbes. J'ai eu de faibles commencements et je me suis élevée jusqu'aux sublimités du ciel. Lucifer a voulu s'élever dans les hauteurs au-dessus de lui-même, et il s'est ravalé dans les profonds abîmes. Quiconque voudra m'imiter dans le désir qu'il a d'être mon fils, s'il brûle d'accomplir en moi mon œuvre, en m'embrassant comme sa mère, qu'il commence par les fondations; et qu'il s'élève petit à petit jusqu'aux sublimes hauteurs. Qu'est-ce à dire ? Qu'il jette d'abord les yeux sur l'avilissement de sa chair, et qu'il s'avance avec douceur et suavité de vertus en vertus, jusqu'aux degrés de la perfection ; car celui qui, pour monter sur un arbre,

(1) De la sainte Trinité.

(2) C'est la divine Marie qui est appelée Miroir de justice.

(3) Elle avait aussi un voile blanc comme une vierge, et était revêtue d'une chasuble comme un prêtre, p. 116, n° 1.

veut d'abord atteindre la branche la plus haute, risque de tomber d'une chute inattendue. Mais celui qui, voulant y monter, commence par le tronc, court moins de danger de tomber, s'il agit avec précautions (1). »

Et la seconde image (2) apparaissait tout entière avec une robe qui, dans sa forme et ses plis, reflétait l'hyacinthe comme l'azur des cieux (3). Et sur cette robe était adaptée d'une manière ineffable deux ceintures admirablement ornées d'or et de pierreries (4) ; en sorte que ces deux ceintures descendaient de l'une et de l'autre épaule de

(1) Les autres images sont : la 2e saint Joseph ; la 3e saint Matthieu et même tous les Évangélistes en un seul Évangile ; la 4e saint Pierre ; la 5e saint Jacques le Majeur décapité ; la 6e saint André ; et la 7e saint Jean l'Évangéliste. On distingue parmi ces Saints d'abord saint Joseph, époux de Marie, saint Matthieu auteur de l'Evangile qui annonce le plus la colère, les quatre disciples privilégiés du Seigneur ; puis, comme l'explique la Sainte, Jésus incarné, qui paraît dans une colonne, où se trouve cette échelle du nouveau Testament.

(2) Saint Joseph, qui avait les cheveux noirs, pour marquer sa sollicitude pour Jésus et Marie, p. 116, n° 2.

(3) C'était l'emblème de son innocence.

(4) C'étaient Jésus et Marie.

cette image en avant et en arrière jusqu'aux pieds (1). Et elle dit (2) :

« J'étais poussée dans le ciel à m'irriter contre Lucifer, se mordant lui-même dans sa haine et son orgueil. Mais non, oh ! non, l'humilité n'a pu tolérer son insolence. C'est pourquoi il a été entraîné dans une affreuse ruine. Et après la création de l'homme, ô quelle illustre semence ! ô quel précieux germe ! le Fils de Dieu, par amour pour l'homme, s'est rendu semblable à lui vers la fin des temps. Et, parce que Lucifer a voulu et essayé de déchirer ma tunique (3) et l'intégrité de mon vêtement (4), je suis devenue toute éclatante de lumière devant les hommes et devant Dieu. Or, maintenant les aveugles, les morts, les impudiques et les courtisanes traitent d'infâme ma conduite en apparence incertaine (5). Mais il est aussi impossible

(1) Joseph, sur le point de mourir, est embrassé par Jésus et Marie, qui se croisent les bras de chaque côté sur ses épaules.

(2) Ou plutôt l'Ange saint Michel, l'ange gardien de saint Joseph : cette union de l'Ange et du Saint qu'il protége est en rapport avec les visions de sainte Hildegarde.

(3) De mon innocence.

(4) De Jésus et de Marie.

(5) C'est bien saint Joseph l'époux d'une Vierge-Mère.

que la boue puisse atteindre le ciel, que cette
honte puisse attaquer ma volonté. Je me ferai
donc des ailes avec les autres vertus, pour
rejeter sur Lucifer ces vaines paroles qu'il a
semées par le monde. O vertus ! qu'est devenu Lucifer? L'enfer est son séjour. Levons-nous donc toutes, en nous rapprochant
de la vraie lumière, et construisons de
grandes et fortes tours dans les provinces (1),
afin que, lorsque le dernier jour viendra,
nous remportions beaucoup de fruits autant
pour l'âme que pour le corps (2). Et, lorsque la plénitude des nations sera introduite
(dans l'Église), alors nous nous rendrons
parfaits et sur la terre et dans les cieux. O
Lucifer! de quoi t'a servi ta soudaine audace? A peine avais-tu reçu de Dieu ta première splendeur, que tu as cherché dans ta
folie, dans ta fureur à me fouler aux pieds,
à me chasser du ciel. Mais tu as été précipité
dans l'abîme, et je suis restée dans le ciel,
pour descendre ensuite sur la terre avec le
Fils de Dieu incarné (3). Par moi s'est for-

(1) Chez la gentilité.

(2) Autant pour la béatitude des esprits, que pour
le bonheur même des corps.

(3) C'est encore l'Ange de saint Joseph qui prend
ici la parole, l'Archange saint Michel.

mée une multitude de fidèles armés pour la justice et les bonnes institutions, que tu aurais bien voulu leur enlever, si tu en avais eu la puissance. O humilité ! qui relèves jusqu'aux astres ceux qui sont foulés, écrasés à terre ; ô humilité ! ô glorieuse Reine de toutes les vertus ! qu'il est fort, qu'il est invincible pour tous tes partisans, et en tout lieu ton secours ! Non, celui, qui te chérit dans un cœur pur, ne fait point de chute, et je suis avec toi pour ceux que je protége une défense très-avantageuse et la plus désirable ; car, étant douée d'une délicatesse et d'une finesse extrême, je parviens à trouver les passages les plus étroits de ceux qui me recherchent, et à les traverser avec adresse. »

Je vis la troisième image dans le même costume qu'elle avait dans une première vision (1). Elle surpassait (2), en hauteur comme en étendue, les autres vertus. Elle n'avait

(1) C'était l'Evangile des quatre Evangélistes, principalement de saint Matthieu, qui s'étend plus que les autres sur la colère à venir, p. 2, n° 2 ; p. 80, n° 4 ; p. 116, n° 3.

(2) Car c'était par l'Evangile unique que la personne du Fils de Dieu était représentée ; duquel Evangile il est dit : *Que s'il fallait tout rapporter en détail, on ne saurait imaginer le nombre des livres qu'il faudrait écrire.*

aucune forme humaine (1) ; elle était toute
entourée d'yeux (2) ; elle était toute vivante
de sagesse, et revêtue d'un sombre vêtement (3), à travers lequel les clairvoyants
pouvaient regarder ; et elle était toute tremblante devant cette lumière éclatante qui
siégeait devant le trône (4).

Et elle disait : « Oh ! malheur aux misé-
rables pécheurs qui ne craignent pas Dieu,
et qui le regardent comme un trompeur !
Qui peut échapper à la crainte du Dieu incompréhensible ? il laisse périr le coupable
qui s'abandonne à l'iniquité ! Oh ! je vais
craindre et craindre encore le Seigneur Dieu.
Qui pourra me secourir devant le vrai Dieu ?
Qui pourra me délivrer de son terrible jugement ? Personne au monde, si ce n'est ce
Dieu juste lui-même. C'est donc lui que je
chercherai (5). C'est à lui que j'aurai sans
cesse recours »

(1) P. 116, n° 3.
(2) Suivant la description que nous en donnent les
Prophètes, p. 2, n° 2.
(3) Des paraboles.
(4) Car l'Evangile est devenu la règle de toutes les
nations, qui se la sont plus ou moins appliquée, et
ce sont les nations, dans la connaissance de l'Evangile, qui tremblent devant le souverain Juge.
(5) Dans l'Evangile.

La quatrième image (1) portait à son cou un collier blanc, et avait aussi les mains et les pieds liés avec une chaîne blanche (2). Et elle disait :

« Je ne puis courir où je veux sur cette terre, ni me laisser diriger par les mauvais vouloirs de l'humaine faiblesse (3); et c'est pourquoi je désire revenir à Dieu, le père de toutes créatures (4), que le démon a renié (5), pour ne pas lui obéir. »

La cinquième image (6) avait à son cou un collier rouge (7), et elle disait : (8) « Il

(1) Revêtue comme la première et la cinquième d'une blanche tunique, comme pour marquer le Sacerdoce, (car nous préférons lire 4e au lieu de 3e, p. 116, n° 4), et avait à ses pieds des chaussures brillantes comme le cristal, car *les rois viendront baiser ses pieds.*

(2) C'est Pierre échappé de la prison par miracle, et dont les chaînes étaient tombées à l'éclat de l'Ange.

(3) C'est bien encore saint Pierre de qui Notre-Seigneur disait : *Lorsque tu auras vieilli, on te ceindra, on te mènera où tu ne voudrais pas aller.* (Isaïe, 49. 23; Jean, 20, 18.)

(4) C'est la première Épitre de saint Pierre.

(5) Par ces paroles, Pierre pleure encore son péché.

(6) Elle était revêtue de la tunique pontificale. C'est saint Jacques le Majeur qu'*Hérode fit mourir par le glaive* (Actes 12, 2.)

(7) Pour signifier son martyre.

(8) L'Apôtre saint Jacques qui représente ici les

n'est qu'un seul Dieu en trois personnes d'une seule essence, et digne d'être adoré d'une gloire égale. J'aurai au Seigneur foi et confiance, et je ne perdrai jamais son nom dans mon cœur. »

La sixième image était revêtue (1) d'une tunique pâle (2), et la croix de la Passion du Fils de Dieu crucifié lui apparut dans les airs, et elle dirigeait vers elle et ses yeux et ses mains avec une grande dévotion (3), et disait : « O Père très-pieux (4), pardonnez aux pécheurs, vous qui ne les avez pas laissé s'égarer ; mais qui les avez rapportés sur vos épaules. Et c'est pourquoi nous ne pouvons périr, nous qui avons mis en vous notre confiance. »

La septième image était revêtue d'une tu-

quatre Apôtres privilégiés, qui ont assisté à la transfiguration, à la guérison de la fille de Jaïr, à la prédiction de Jésus-Christ sur la ruine de Jérusalem, à l'agonie de Notre-Seigneur au jardin des Olives ; et comme la principale manifestation est au Thabor de l'adorable Trinité, sainte Hildegarde lui fait dire :

(1) Comme un prêtre. C'est saint André.

(2) Pour marquer la douleur de son martyre, plus amplement marqué par ce qui suit.

(3) Ce sont les sentiments de saint André en voyant l'instrument de son martyre.

(4) O Jésus, vous êtes seul pieux, comme le chante l'Église.

nique du plus éclatant et du plus pur cristal (1), brillant de la vivacité de l'eau qui reflète les rayons du soleil (2). Au-dessus de sa tête était une colombe aux ailes déployées (3), qui avait sa tête tournée vers elle. Il apparut sur ses flancs, comme en un miroir, le plus bel enfant, qui avait inscrit sur son front : Innocence. Elle avait dans sa main droite le sceptre royal (4) ; et elle portait sa main gauche sur sa poitrine (5). Elle disait « Je suis libre et n'ai point d'entraves (6). J'ai passé à la fontaine la plus pure, auprès du plus doux et du plus aimant Jésus, Fils de Dieu (7). Je l'ai pénétrée et c'est de son cœur que je suis sortie. Je foule aux pieds le démon, qui n'a pu m'enchaîner. Il a été chassé loin de moi, parce

(1) Symbole de la virginité et du sacerdoce, c'est saint Jean l'Evangéliste.

(2) Du Soleil de justice, lui qui appuya sa tête à la cène sur le sein de Jésus.

(3) C'est l'emblème de saint Jean l'Evangéliste qui jouait avec une colombe apprivoisée, ce qui est marqué par les paroles qui suivent.

(4) Puisqu'il était le fils et le gardien de la Reine du ciel et de la terre.

(5) Pour montrer les ardeurs de son cœur à la dernière cène.

(6) A la porte Latine.

(7) C'est *le disciple que Jésus aime* (Jean, 21, 7).

que je suis toujours avec le Père céleste (1) »

Et au haut de la colonne ombragée, dont il est question, je vis une magnifique image, ayant la tête nue, les cheveux crépus et bruns, et son visage, mâle comme celui d'un homme, était d'une clarté si éblouissante, que je ne pouvais y jeter les yeux (2). Et elle était revêtue d'une robe rouge foncé (3). Et sur chaque épaule de cette image était une ceinture d'un jaune foncé (4), adaptée sur la tunique, et qui descendait en avant et en arrière de la tête aux pieds. Elle avait agraffé à son cou le manteau royal, admirablement parsemé d'or et de pierreries les plus précieuses. Et la (divine) splendeur si brillante l'environnait à tel point, que je ne pouvais la considérer nulle part, si ce n'est par devant de la tête jusqu'aux pieds; mais ses bras, ses mains, ses pieds étaient cachés à mes regards (5). Mais la même splen-

(1) *Ce disciple ne meurt pas* (Jean, 21, 23).

(2) C'est Jésus, c'est le divin Fils de Marie, c'est l'homme de la douleur aux cheveux noirs.

(3) La robe de la Passion.

(4) C'étaient Marie et Jean qui entouraient Jésus sur le Calvaire à sa mort, comme Jésus et Marie assistaient Joseph mourant, *hic*, p. 119, nº 1.

(5) Pour marquer que l'action de Jésus-Christ sur le monde est cachée par la splendeur de sa Divinité.

deur qui l'entourait était remplie d'yeux
de tous côtés, était toute vivante (1), et se
répandait çà et là, comme un nuage se répand, apparaissant tantôt plus, tantôt moins
étendue (2). Et cette même image s'écria
d'une voix forte par le monde : « O mes fils,
je suis la grâce de Dieu (3), entendez-moi
donc et comprenez-moi : C'est moi qui
donne la lumière de l'âme à ceux qui comprennent mes avertissements (4), et je les
retiens dans le même bonheur, de peur qu'ils
ne retombent dans le péché (5). Et parce
qu'ils ne m'ont point méprisée, j'ai à cœur de
les toucher par mes exhortations, afin qu'ils
opèrent le bien ; et je me donne à eux,
parce qu'ils me recherchent dans la simplicité et la pureté de leurs cœurs (6). Et,
lorsque je donne ainsi des perles (7), avertis-

(1) C'était la Divinité.

(2) De même la Divinité se porte plus ou moins
vers les hommes par sa grâce, de peur que leur jugement ne soit trop sévère.

(3) Que j'ai acquise par mon sang répandu sur la
croix.

(4) C'est la grâce actuelle.

(5) C'est la grâce habituelle.

(6) Ainsi il ne suffit pas d'éviter le mal, il faut encore
pratiquer le bien.

(7) Non aux pourceaux mais à des cœurs bien dis-
posés.

sant et exhortant l'homme sur le bien qu'il doit pratiquer, alors, son intelligence étant touchée, je suis en lui le commencement de la vertu : c'est-à-dire, que les sens de l'homme, comprenant mon exhortation par l'entendement, de manière à consentir au bonheur de ma grâce qu'il ressent au fond du cœur, je suis en lui le commencement du bien qu'il doit entreprendre avec mon secours. Mais en lui est une lutte pour accomplir, ou non, ce que je lui conseille. Et comment? etc. (1). »

(1) Nous ne donnons pas ce long texte qui s'adresse : 1° aux pécheurs; 2° aux fidèles, car il ne renferme aucun mystère, qui ne soit expliqué par la Théologie; aussi la Sainte ne donne non plus aucune interprétation de ces paroles, comme elle le fait pour toutes les autres de cette vision. D'ailleurs, nous avons besoin de serrer le nœud. Aussi nous ne rapporterons que les dernières exhortations, jusqu'au n° 10 inclusivement, qui condamnent les hérésies touchant le Fils de Dieu, comme dans la précédente vision la Sainte parle des hérésies qui attaquent le mystère de l'adorable Trinité; et c'est une fixation d'époque pour expliquer les révélations de sainte Hildegarde; car ce discours est fait contre les Protestants qui ont principalement commis leurs erreurs sur la grâce du Rédempteur. Et il était nécessaire de leur montrer la colonne du Dieu Rédempteur telle qu'elle existait au commencement de l'Eglise, eux qui affirment qu'il y a eu interruption dans l'Eglise de Dieu (Voir l'Appendice).

Et j'entendis celui qui siégeait sur le trône me dire : « Il faut que ceux qui aspirent aux choses du ciel croient fidèlement et n'examinent pas avec ténacité que le Fils de Dieu, envoyé par le Père dans le monde, est né d'une Vierge, parce que le sens de l'homme, appesanti dans son corps fragile et mortel du poids énorme de ses péchés, ne peut pénétrer les secrets de Dieu qu'autant que l'Esprit-Saint le fait connaître à l'homme de son choix (1). »

NEUVIÈME VISION.

LE GRAND PONTIFE. — LA FEMME QUI SAUVE ET PRODUIT LE GRAND MONARQUE. — LE GRAND MONARQUE A TROIS TÊTES.

Je vis ensuite, auprès de la colonne de l'humanité du Sauveur, dont nous venons de parler, une tour (1) extrêmement éclatante, située sur le mur en pierre du côté du midi de l'édifice en question, de manière qu'on pouvait l'apercevoir de l'intérieur et de l'extérieur de cet édifice. Sa largeur,

(1) Ces dernières paroles résument toute la vision touchant la sainte Vierge, l'échelle de Jacob, les sept esprits, et la colonne de la grâce de Jésus-Christ.

dans œuvre, était sur tout le pourtour de cinq coudées (1) ; mais elle était d'une si grande hauteur, que je ne pouvais la mesurer. Mais entre cette tour et la colonne de l'humanité du Sauveur (2), il y avait seulement la fondation, laissant apparaître un second intervalle vide de la longueur d'une coudée, comme cela a été démontré plus haut (3).

Et cette tour n'était pas encore terminée (4), mais le travail était poussé avec beaucoup d'entente et d'activité par un grand nombre d'ouvriers. Et sur le haut

(1) Par les cinq Patriarches.

(2) Dont il est parlé à la huitième vision, laquelle colonne était séparée de la colonne de l'adorable Trinité, et faisait première solution de continuité du mur.

(3) III° livre, p. 77, note 4. Mais l'espace vide entre la colonne de l'adorable Trinité et la colonne du Sauveur était de trois coudées, c'est-à-dire, d'un intervalle de temps trois fois plus long, de Mahomet au protestantisme : 900 ans. III° livre, p. 114, 1° note, que l'intervalle d'une coudée entre la colonne du Sauveur et la tour dont il est ici question d'une coudée, c'est-à-dire, 300 ans depuis l'apparition du Protestantisme jusqu'au faux philosophisme vaincu par cette tour. Voilà les deux interruptions du mur de l'angle occidental à l'angle du midi, p. 77, n° 4.

4) Au moment où l'interprétation est donnée.

des murs il y avait sept redoutes merveilleusement fortifiées (1). Et dans l'intérieur
de l'édifice, je vis une échelle apposée sur
le haut de cette tour, et depuis le bas jus-
ques en haut, il y avait une multitude
d'hommes dont les visages brillaient comme
du feu, avec des vêtements blancs et des
souliers noirs; et parmi eux, il y en avait
dans le même costume d'une taille plus élevée et d'un aspect plus ravissant, qui regardaient cette tour avec plus d'attention.
Ensuite, vers la partie septentrionale de
l'édifice, je vis le monde, les enfants
d'Adam parcourir l'espace qui sépare le
mur lumineux dans cet édifice de science
allégorique d'avec le contour du cercle [Y]
d'où sortait le trône du brillant jeune
homme (2). Et beaucoup d'entre eux tra-
versaient l'édifice entre cette tour (3), qui
figure le précurseur de la volonté de
Dieu (4) [Ω], et la colonne de la divinité
de son Verbe [V], entrant et sortant à

(1) C'étaient les sept dons du Saint-Esprit à la dernière époque de l'Église.

(2) Et dont la distance était d'un palme à l'angle
oriental. IIIᵉ livre, p. 78, 6ᵉ note.

(3) Cette tour décrite dans cette neuvième vision.

(4) C'est-à-dire le secret du Père dans l'Apocalypse.

travers ce mur de science allégorique,
comme on voit un nuage s'étendre de côté
et d'autre.

Mais ceux qui entraient dans cet édifice
étaient revêtus d'une robe éclatante de
blancheur ; et les uns, comblés de la joie
la plus douce de se voir revêtus de cet
habit, le gardaient précieusement ; les autres, devenus tristes de son poids et de son
embarras, essayaient de l'ôter (1). Mais
cette vertu, que j'avais entendu appeler :
Science de Dieu (2), les reprenait souvent,
et disait à chacun d'eux : « Prends garde
d'ôter l'habit dont tu es revêtu. » Et je vis
que plusieurs, frappés de ces paroles, s'ap-
pliquaient à conserver avec beaucoup de
peine l'habit qu'il leur paraissait difficile
à garder. Mais d'autres, se moquant de cet
avertissement, se dépouillèrent avec fureur
de cet habit, le rejetèrent avec mépris pour
suivre le monde qu'ils avaient quitté, et,
s'appliquant à une foule d'objets, ils ap-
prirent mille futilités des vanités du siècle.

(1) Si la croix t'effraye, souffre en union avec Jésus,
son amour change l'amertume en douceur. P. 45,
l. 18, III° livre, p. 92, note 1.

(2) *Hic*, p. 131, note 2.

Et parmi eux un certain nombre revinrent
à cet édifice et reprirent le vêtement qu'ils
avaient quitté ; tandis que d'autres, ne voulant pas revenir, restèrent ignominieuse-
ment dans le monde sans cet ornement. Et
je vis une foule de gens d'une malpropreté
et d'une noirceur repoussante, qui de l'A-
quilon (1) [F] venaient fondre sur cet édifice, et, envahissant avec fureur cette tour,
sifflaient contre elle comme des serpents.
Et parmi eux quelques-uns, se détournant
de cette conduite insensée, se purifièrent ;
mais les autres persévérèrent dans leur méchanceté et leur infamie (2).

Et dans l'intérieur de cet édifice, j'ai vu,
du côté de cette tour sept colonnes [C] en
marbre blanc, admirablement sculptées dans
leur contour, qui soutenaient un plancher
en fer de forme ronde, élégamment élevé
au-dessus des corniches (3). Et au-dessus
de ce plancher, je vis une image merveilleusement belle, qui regardait les hommes du
monde (4) ; et sa tête brillait, comme la

(1) De l'enfer

(2) P. 18, l. 21, jusqu'à la fin de l'alinéa, p. 20.

(3) C'est l'Église des derniers temps, couleur de fer,
qui forme un plancher limité, à cause de la fin du
monde et soutenu par l'Esprit-Saint.

(4) C'est notre Seigneur Jésus-Christ à la fin qui

foudre, d'un si -vif éclat, que je ne pouvais pleinement la considérer. Et ses mains étaient amoureusement ramenées vers son cœur (1), et ses pieds étaient cachés à ma vue dans ce plancher (2). Et elle avait sur sa tête, en forme de couronne, un cercle d'un éclat merveilleux (3) ; elle avait aussi une robe couleur d'or, de laquelle pendait, depuis la poitrine jusqu'aux pieds, une ceinture qui scintillait, comme l'éclat de la pourpre, des pierreries les plus précieuses, sur un fond couleur verte, blanche, rouge et azur (4).

Et elle criait aux hommes qui vivaient

protège la tour en question, c'est-à-dire, le Pasteur Angélique.

(1) C'est la dévotion au Sacré-Cœur en ces temps difficiles.

(2) Car j'ignorais les moyens dont il se servait pour convertir à lui tous les peuples ; d'ailleurs ses pieds ne sont manifestés qu'à la 11e vision.

(3) C'était la marque de son règne plus que jamais puissant.

(4) C'était la charité de Jésus-Christ, qui se répandait dans un ciel très-pur orné de nuages aux couleurs les plus variées et les plus brillantes ; verte sous le premier Empire, blanche sous la Restauration, rouge contre la fausse République, et azur sous le beau règne. *Le Christ était hier, il est aujourd'hui et par de là les siècles* (Héb., 13, 8) p. 64, n° 1; p. 66.

dans le monde, et disait : « O hommes, que vous êtes lents à vous décider ! Pensez-vous que le secours vous manquerait, si vous vouliez revenir? Lorsque vous commencez à courir dans la carrière du Seigneur, les moucherons et les mouches vous en empêchent par leur bruit; mais prenez l'éventail de l'inspiration du Saint-Esprit, et vous parviendrez à les chasser au plus vite. Il vous faut courir et espérer le secours de Dieu; abandonnez-vous, sans réserve, au service du Seigneur, et vous serez fortifiés par sa main toute-puissante. »

Et sur le pavé de l'édifice, il y avait trois autres images [t], dont l'une était penchée sur ces colonnes, et les deux autres étaient devant la première des trois, à côté l'une de l'autre. Et toutes trois elles se dirigeaient vers la colonne de l'humanité du Sauveur et vers la tour dont il est ici question (1).

(1) Ces trois images soutenues par Jésus et par son divin Cœur, à la dernière période de l'Église, sont le Pasteur angélique, la femme qui soutient et produit le grand Monarque, et le grand Monarque lui-même, qui est appelé à trois têtes, dans d'autres prophéties, précisément parce qu'il est dirigé par le grand Pontife et par la femme qui le soutient et qui le produit.

Or, l'image qui était penchée vers les colonnes m'apparut d'une largeur égale à celle de cinq hommes qui lui tenaient lieu d'assesseurs (1), mais d'une si grande étendue que je ne pouvais en mesurer la longueur (2), en sorte que ses regards s'étendaient sur tout l'édifice (3). Elle était aussi douée d'un esprit élevé et d'une sagacité qui lui permettaient de fixer ses regards pénétrants vers le ciel, étant comme une nuée blanche, lumineuse et sereine. Et je n'ai remarqué en elle aucune forme humaine (4). Et elle cria partout à toutes les autres vertus : « Levons-nous vite, disait-elle, parce que Lucifer a répandu ses ténèbres par tout le monde. Élevons des tours, fortifions-les de redoutes célestes, parce que le diable est l'ennemi qui attaque les élus de Dieu ; lui qui, dès le principe et dans sa gloire, conçut et fit de grandes ten-

(1) Ce sont les cinq patriarches, qui assistent le grand Pontife ou l'interprète.

(2) A cause de la multiplicité des sujets qu'il traite.

(3) Car l'édifice renfermait tout ce qu'il y avait dans l'Ancien et le Nouveau Testament, que l'interprète expliquait.

(4) Comme le corps des Écritures, p. 2, n° 2, 8° vision, p. 121, n° 1.

tatives, maintenant, dans sa ruine, conçoit
et entreprend encore plus. Car il multiplie
ses ruses et sa malice en répandant son
souffle impur et ne veut point céder. C'est
contre ces desseins que nous sommes établis
pour vaincre sa malice et sa perversité ; autrement les hommes, dans cette lutte, ne
pourront se sauver sur la terre. Et, de
même qu'à sa première origine il n'a pas
craint de s'opposer à Dieu, de même encore,
en ces derniers temps, son imitateur l'Antechrist osera résister à l'Incarnation du Seigneur. Mais Lucifer est tombé au commencement des temps, et l'Antechrist va tomber
à la fin des temps. Alors on verra ce qu'est
le vrai Dieu et celui qui n'est jamais tombé.
Et de même que Lucifer eut pour sectateurs
les démons, qui, précipités du ciel, ont par-
tagé le malheur de sa condamnation ; de
même encore il a sur la terre des hommes
qui le suivent dans l'abîme de la perdition.
Mais nous, les vertus, nous sommes postés
contre ses ruses et ses suggestions, qu'il
trame dans le monde pour capter les âmes,
afin de réduire par nous à néant, dans le
cœur des justes, tous ses artifices, de manière à manifester sur tous les points sa
confusion. Ainsi, Dieu par nous sera connu,

parce qu'il ne doit point être caché, mais manifesté dans son entière justice. »

Mais la première des deux autres images [t] qui se tenaient à côté l'une de l'autre devant la première des trois (1), paraissait armée d'un casque, d'une cuirasse et revêtue de gants et de brodequins, ayant à sa main droite une épée nue, et une lame à sa main gauche. Et, foulant aux pieds un horrible dragon, elle lui enfonçait dans la gueule le fer de sa lance, en sorte qu'il vomissait l'écume la plus dégoûtante. Et elle brandissait, comme pour frapper fort, l'épée qu'elle avait à la main ; elle disait : « O Dieu tout-puissant ! qui pourra vous résister et vous livrer la guerre ? Ce n'est pas cet ancien serpent, ce dragon, le démon. Aussi, par votre secours, je veux l'attaquer au point que nul ne pourra ni me résister, ni me vaincre, ni le fort, ni le faible, ni le prince, ni l'homme abject, ni le noble, ni le roturier, ni le riche, ni le pauvre (2). Je veux être une cabane fortifiée, fabriquant les armes invincibles destinées à combattre

(1) Dont il vient d'être parlé, p. 135, n° 1.

(2) C'est la femme qui doit sauver l'homme de la droite de Dieu, défiant toutes les puissances.

les combats du Seigneur, et dont je suis la lame la plus fortement trempée ; car il ne sera pas dit que personne puisse être brisé en toi, très-puissant Dieu, par qui je m'élève même pour chasser Satan. Je serai donc toujours pour l'humaine faiblesse un secours assuré relevant leur timidité par ce glaive acéré qu'ils brandissaient pour leur défense. O Dieu très-miséricordieux et compatissant, secourez ceux qui ont le cœur contrit. »

Et la troisième image [t] paraissait avoir trois têtes, l'une à la place ordinaire, et les deux autres sur chaque épaule ; et celle au milieu dépassait un peu les deux autres. Mais celle qui était au milieu et celle qui était à droite avaient un si grand éclat, que leur clarté éblouissait mes yeux. Je ne pouvais distinguer si elles avaient les traits d'un homme ou d'une femme ; et celle de gauche apparaissait un peu sombre et revêtue d'un voile blanc comme une femme (1).

(1) Le grand Monarque est tellement assisté du Pontife et de la femme qui le produit, qu'il semble n'avoir qu'un même cœur avec ses deux appuis, qui sont plus brillants, parce qu'ils sont plus purs que lui, car il est appelé par saint François de Paule un très-grand pécheur.

Cette image était revêtue d'une robe de soie
et de souliers éclatants de blancheur. Elle
avait sur son cœur le signe de la Croix, autour duquel était une lumière qui brillait
sur sa poitrine comme l'aurore (1). De sa
main droite elle brandissait une épée nue,
qu'elle appliquait aussi pieusement avec la
Croix sur son cœur. Et je voyais inscrits
sur la tête du milieu le mot : Sainteté ; sur
la tête de droite : Source du bien ; sur la
tête de gauche : Dévouement.

Celle du milieu (2) disait, en regardant
les deux autres : « Je suis née de la sainte
humilité, comme l'enfant est né de sa mère ;
c'est par elle que j'ai été élevée et que j'ai
été fortifiée, comme un enfant s'élève et se
fortifie au sein de sa mère. L'humilité, c'est
ma mère qui remporte la victoire et sur-
monte tous les obstacles les plus intoléra-
bles pour les autres. »

Celle de droite regardait la tête naturelle,
et disait (3) : « Dès ma naissance, j'ai pris
racine sur les montagnes au pic élevé, qui
est Dieu même. C'est pourquoi, ô Sainteté,

----

(1) Le voile de la sainte Vierge qui l'inspire.
(2) Le grand Pontife qui se nomme Sainteté.
(3) Celle qui s'appelle la Source du bien, *hic.*

pour que tu te maintiennes, il faut que
j'adhère à tes entrailles (1). »

La tête de gauche regardait aussi la tête
naturelle et disait : « O malheur ! malheur !
malheur ! D'où vient que je suis aussi sévère et aussi inflexible, si ce n'est, ô Sainteté, parce qu'il m'est très-difficile de remporter la victoire qui te vient en aide ?
Non (2), sans moi tu ne pourrais tenir si je
succombais. O douleur ! pour celui qui néglige le bien, car il me faut enlever une
épine des plus malignes, qui, par sa pi-
qûre, me force à frapper à mort, pour l'arracher avant qu'elle se perde dans mes
chairs et qu'elle s'envenime en moi, comme
en un cadavre en pourriture (3). O Sainteté (4),
afin que je puisse persévérer en toi, je veux
éviter les lacs envahissants du démon et

(1) Ainsi la femme qui sauve le grand Monarque est
aussi le soutien du grand Pontife.

(2) O saint Pontife sans moi, sans le grand Monarque qui me nomme Dévouement.

(3) C'est le grand Monarque qui porte la grande
épée du second sceau de l'Apocalypse, qui sera couronné d'une couronne d'épines, et qui doit s'opposer
au progrès du mal dans la société des derniers temps.
Il voudra arracher l'épine des sociétés perverses, mais
il n'y parviendra pas entièrement.

(4) Du Grand Pontife.

les rompre par ma confiance au vrai Dieu. »

Et celui qui siégeait sur le trône, dont il a été parlé, me fit connaître ces choses en ces termes : « Le Fils de Dieu s'étant incarné, le nouveau peuple d'acquisition soutenu dans le Saint-Esprit par la doctrine du salut du monde, se produisant par la fermeté d'hommes courageux, fortifiés sous l'inspiration des vertus célestes contre le plus cruel des ennemis, à qui nul homme ne peut résister que par la grâce divine, se montre tellement invincible avec le secours du Seigneur, qu'aucun artifice de ce séducteur ne peut le séparer de Dieu, ou l'anéantir dans sa pensée. C'est pourquoi, cette tour (*a*), que tu vois au delà de la colonne de l'humanité du Sauveur, représente l'Église, qui, bien qu'achevée par l'Incarnation de mon Fils, s'élève, comme une nouvelle construction, de toute espèce de bonnes œuvres, par le courage et la sublimité des actes surnaturels, pour s'opposer comme une forte tour à l'iniquité de Satan. »

DIXIÈME VISION.

LE PHILOSOPHISME, LE RETOUR DES JUIFS.

Les trois états du dernier ordre religieux representés
par les trois images avec Hénoch et Élie.

Ensuite, sur le sommet de l'angle oriental de l'édifice en question, où les deux
parties du mur, l'une lumineuse, l'autre
en pierre se joignaient (1), je vis sept degrés [D] d'un marbre éclatant de blancheur,
qui paraissaient entourer cette pierre énorme, sur laquelle était le trône du brillant
jeune homme (2). Et au-dessus de ces degrés était un trône sur lequel était assis un
jeune homme d'un port viril et majestueux,
de couleur pâle cependant, avec des cheveux noirs qui descendaient répandus sur
ses épaules recouvertes d'une tunique de
pourpre (3). Depuis la tête jusqu'au ventre,
je pouvais le voir, mais le reste m'avait été

(1) IIIe livre, 2e vision, p. 77, note 1.
(2) C'est l'autel Ariel, tel qu'il est décrit dans Ezéchiel qui avait sept degrés pour y monter en avant.
(3) C'est Jésus-Christ au milieu de la tribulation
des derniers temps, c'est le même que le brillant
jeune homme qui est assis sur le trône, mais dans le
chagrin, à cause de la dernière tribulation. Aussi

caché (1): Et, regardant de nouveau dans le monde, il criait de toute sa force à ceux qui vivaient dans le monde : « O insensés ! qui croupisssez dans la honte et l'inaction (2), ne voulant tourner un seul regard sur l'excellence de votre âme, mais qui brûlez toujours du désir de faire le mal, auquel vous porte la concupiscence, et qui refusez de vivre en paix avec vous-mêmes et dans la droiture, comme si vous n'aviez aucune notion du bien et du mal, ni de l'honneur qu'il y a à éviter le mal et à suivre les inspirations du bien ; écoutez les paroles que vous adresse le Fils de Dieu (3). »

Et sur cette partie de l'orient [E], au-dessus du plancher de cet édifice, à côté du jeune homme (4), je vis trois images debout qui regardaient ce jeune homme avec beau-

(1) IIIe livre, 9e vision, p. 134, n° 2. Comme les voies de Dieu pour la conversion des peuples. Nous avons déjà la preuve que cette vision est la suite de la 9e, nous serons aussi convaincus que les trois images sont les mêmes que celles de la neuvième vision.

(2) De l'indifférence, p. 135, n° 1.

(3) Ce long discours est une peinture de mœurs de notre siècle, mais nous le reportons à l'Appendice pour ne pas perdre le fil de nos interprétations.

(4) Que j'avais vu au-dessus du plancher, les trois images étant sur le pavé de l'édifice.

coup de piété (1). Et du côté de l'Aquilon [F],
entre ce grand cercle [Y] qui partait du brillant jeune homme assis sur le trône et
l'édifice, je vis une roue suspendue en
l'air [h'], et dans cette roue le buste d'un
homme qui lançait sur le monde des regards
frudroyants (2). Et à l'angle méridional [M]
de l'édifice, il y avait une autre image [ë] à
l'intérieur, au-dessus du plancher, qui se
portait avec une grande joie vers ce jeune
homme (3).

Telle était la ressemblance entre elles de
ces images (4). Elles avaient toutes, comme
les autres vertus, des vêtements de soie.
Toutes elles avaient aussi la tête recouverte
de voiles blancs, excepté celle qui était à
droite, au milieu des trois, dont il a été

---

(1) C'étaient les mêmes trois images dans l'édifice
qui s'étaient élevées jusqu'au cœur de Jésus, et qui
préparaient par le dernier ordre religieux des Porte-
Croix la venue d'Hénoch et d'Élie, de même qu'avant
leur élévation elles préparaient les hommes à la venue
de l'Antechrist.

(2) C'était Hénoch.

(3) C'était Élie, pour ramener les Juifs qui se trouvent au midi.

(4) La Sainte qui n'a pas montré le costume des
trois premières à la neuvième vision, va le faire voir
ici en les distinguant d'Hénoch et d'Élie.

question (1); elle avait la tête découverte et laissait voir ses cheveux blancs (2). Et aucune d'elles n'avait de manteau, si ce n'est l'image du milieu (3), qui était revêtue d'un manteau blanc. Et toutes étaient revêtues de tuniques blanches, excepté celle au milieu de la roue, qui avait une tunique brune (4). Et aussi excepté celle qui, étant à gauche au milieu des trois images, avait une tunique de couleur blanc mat (5). Toutes aussi avaient des brodequins blancs, mais celle du milieu des trois (6) avait sa chaussure noire marquetée de différentes couleurs.

Et voilà en quoi l'on pouvait les distinguer : Sur la poitrine de celle qui tenait le

(1) *Prædictarum.*
(2) Hénoch.
(3) Le Pasteur Angélique.
(4) Hénoch, qui lançait sur le monde des regards foudroyants, était revêtu d'habits de deuil, en voyant les Gentils séduits par l'Antechrist.
(5) Élie qui portait les signes de sa douleur sur les séductions de l'Homme de mal ; et l'on voit que les trois images, dont il est parlé à la neuvième vision, placées deux en face de l'une d'elles avaient à la droite Hénoch, et à la gauche Élie.
(6) Mais le Grand Pontife, homme de douleurs, allait chez toutes les nations.

milieu des trois, dont il a été question (1), et qui se tenaient vis-à-vis l'une des deux autres (2) [t], il y avait deux petites fenêtres (3). Et sur ces fenêtres, il y avait un cerf tourné vers la droite de cette même image, de manière que ses pieds de devant étaient dirigés vers la fenêtre de droite, et ses pieds de derrière vers la fenêtre de gauche, comme pour courir. Et cette image disait : « Je suis la colonne la plus solide (4) [α], et qui ne peut être étonnée par le vent de l'instabilité, de manière à être agitée comme la feuille, qui se meut et est poussée çà et là par la tempête ; mais je dois durer jusqu'à la fin sur la pierre de la vérité, qui est le vrai Fils de Dieu. Et qui peut m'ébranler ? qui peut me suivre ? Ce ne sera ni le fort, ni le faible, ni le prince, ni l'homme abject, ni le riche, ni le pauvre, qui pourra me détourner du Seigneur immuable ? Je ne bougerai

(1) *Prædictarum sibi astantium.*

(2) C'était comme nous l'avons vu, le Pasteur Angélique.

(3) Les fenêtres, p. 2, n° 4, étant les ouvertures par lesquelles Dieu laissait voir ses Patriarches et ses Prophètes, les deux petites fenêtres sont Jésus et Marie dont les divins cœurs reposent sur le cœur du Pontife.

(4) La tour dont il est parlé à la neuvième vision.

10*

pas, moi qui suis fondée sur le ferme appui (1). Je ne veux avoir aucun rapport avec les flatteurs, qui sont poussés dans toutes les voies par le vent de la tentation, sans s'affermir dans la tranquillité de l'ordre, étant toujours inclinés vers les choses basses et corruptibles. Non, il n'en est pas ainsi de moi, je suis établie sur la pierre ferme. »

Mais l'image, qui était à sa droite (2), regardait le cerf, et disait : « *De même que le cerf soupire après les fontaines d'eau vive, ainsi mon âme soupire après vous, Seigneur.* C'est pourquoi je veux passer les montagnes et les collines, et les futiles douceurs de cette vie éphémère, ne voulant considérer dans la simplicité de mon âme que la fontaine d'eau vive ; car elle déborde d'une gloire tellement surabondante, que personne ne peut se rassasier de ses douceurs, par l'ennui que font naître ces abondances mêmes (3).

Et l'image de gauche (4), jetant les yeux

(1) *Je suis fondée en Sion* (Eccles., 24, 15).
(2) C'était la seconde, le grand Monarque.
(3) Quand on goûte les choses du ciel, on s'ennuie de ne pas y être, pour les savourer plus parfaitement.
(4) C'était la première, la femme qui sauve le grand Monarque.

sur ces fenêtres (1), disait : « Je vois toujours, je possède à jamais la lumière véritable et éternelle, et, quels que soient mes pensées, mes soupirs, mon attente, je ne pourrai jamais être rassasiée de la douceur inaltérable qui se trouve dans le sein du Dieu très-haut (2). »

L'image qui près de l'Aquilon [F] (3), apparaissait dans la roue [h'], avait dans sa main droite un petit rameau vert (4); et la roue tournait toujours autour de l'image immobile (5). Il y avait écrit dans la roue ces paroles : « *Que celui qui est mon serviteur me suive, et où je serai moi-même mon serviteur doit s'y trouver.* » Et sur le cœur de cette image

(1) Les saints Cœurs.

(2) Ces trois images qui sont au-dessus du plancher de l'édifice, comme le Seigneur Jésus, ont achevé leur carrière, mais subsistent toujours dans l'ordre religieux qui renferme trois états : les prêtres solitaires, les missionnaires et les équiers armés (Saint François de Paule). C'est pourquoi elles préparent les voies aux deux derniers prophètes, Hénoch et Élie.

(3) Hénoch.

(4) En signe de paix.

(5) Pour montrer la paix inaltérable de ce patriarche au milieu de l'agitation de son saint ministère à la fin des temps. Car,

était écrit : « Je suis une hostie de louanges pour les provinces (1). » Et l'image disait : « A celui qui remportera la victoire je donnerai de manger du fruit de l'arbre de vie, qui est dans le paradis de mon Dieu, parce que la fontaine du salut, engloutissant la mort, a déversé sur moi ses ruisseaux, et m'a rendue verdoyante par la Rédemption (2). »

Et l'image [ë] qui apparaissait à l'angle du midi jetait un si grand éclat, que je ne pouvais la considérer (3). Elle avait de chaque côté une aile blanche, dont la largeur surpassait la hauteur d'une image (4). Et elle disait : « Qui peut se croire assez fort pour oser attaquer Dieu (5)? Et qui

(1) Pour les Gentils que je suis chargée de ramener à Dieu, en prêchant partout le monde l'Évangile représenté par une roue dans Ezéchiel, et selon ces paroles du Sauveur : *Il faut que l'Évangile soit prêché par toutes les nations* (Marc, 13, 10).

(2) C'est pourquoi parmi les Gentils un grand nombre participe à la paix que je suis venue apporter et boit à la source de la vie éternelle pour y parvenir.

(3) C'était Élie prêchant les Juifs à leur retour.

(4) Pour montrer qu'elle était dans le Saint des Saints comme les Chérubins, et qu'elle avait la vertu des autres images.

(5) C'est l'infâme Antechrist qui a cette audace.

porte assez loin la hardiesse pour oser me dépouiller et me corrompre dans le déshonneur que me veulent infliger la haine et la jalousie (1) ? Mais Dieu est juste et seul de toute puissance et de vraie gloire (2). Je veux toujours m'y attacher avec un cœur pur et un visage rayonnant, et me réjouir sans cesse dans toutes mes justices. Je ne veux point changer (3), mais persévérer toujours dans un même esprit et louer continuellement le Seigneur. Le démon, ni l'homme malveillant ne pourront énerver mon courage, ni l'abattre par la fureur de sa malice artificieuse (4), et je persévérerai toujours dans l'imitation de cette paix que procure la véritable unité (5). Le monde va passer, et j'apparaîtrai (6) plus manifestement (7) dans la céleste gloire.

(1) C'est encore l'Antechrist qui me tient sans sépulture pendant trois ans et demi sur la place de Jérusalem (Apoc., 11, 8).

(2) En me ressuscitant.

(3) C'est avec le peuple Juif qu'il dit cela.

(4) De l'Antechrist.

(5) Et non l'unanimité qui naît de la tyrannie qu'exerce sur les nations la séduction de l'Homme de mal.

(6) Par ma résurrection aux yeux de tous les peuples.

(7) Que lorsque je fus ravi dans un char de feu aux yeux seulement d'Elysée, mon disciple.

Après cela le pavé de l'édifice en entier (1) m'apparut tout à coup resplendissant comme du cristal, qui répandait de lui-même une clarté sereine (2). Et la lumière [Y] du brillant jeune homme assis sur le trône, qui me montrait toutes ces choses, se répandit à travers le temple jusqu'à l'abîme. Mais entre le cercle qui partait de celui qui siégeait sur le trône et cet édifice, apparut alors la terre, comme étant un peu inclinée en bas, de manière que l'édifice semblait être sur une montagne (3). Et le brillant jeune homme, qui siégeait sur le trône me dit encore : « Le Fils du Dieu vivant, né d'une Vierge, est la pierre angulaire, qui a été rejetée par

(1) Sur lequel marchait çà et là l'Église militante. IIIe livre, p. 81, no 1, p. 132, no 1.

(2) C'est l'assemblée des Saints : Apocalypse, 21, 18, 21.

(3) Nous avons vu, en effet, que la terre, à la dernière consommation, s'était rapprochée des eaux supérieures vers l'aquilon, de manière à laisser une partie ténébreuse vers l'abîme, c'est là l'inclinaison par en bas ; et une partie lumineuse vers les astres, où se trouvait l'édifice des élus, en regard de tous les astres immobiles, et en vue de la cité de Dieu au ciel des cieux, les eaux supérieures s'étant déchirées et repliées pour laisser voir le séjour des élus. Pages 8 et 9, no 4.—*Oh! que n'ouvrez-vous les cieux !* (Is., 64, 1.)

ceux qui, vivant sous la loi de Dieu, devaient l'édifier pour leur salut ; mais ils ont refusé de le faire, préférant les ténèbres à la lumière. Et cependant le Fils de Dieu règne puissamment sur eux (1), qui ardemment pénétrés des inspirations du Saint-Esprit, se mortifient extérieurement pour leur salut, et se portent de toute la force de leur âme vers les choses intérieures dans la perfection des vertus et des bonnes œuvres. »

ONZIÈME VISION.

LA COUPOLE PENCHÉE.

Je vis ensuite apparaître vers l'Aquilon [F] (2), cinq animaux (3) : L'un ressemblait

(1) Parmi l'ancien peuple.
(2) Du côté de l'enfer.
(3) Le chien tout en feu, mais ténébreux, c'est l'Allemagne, à cause du peu d'homogénéité de ses différentes provinces ; elle est toute en feu sans brûler, parce que sa division même lui ôte sa force. Le lion fauve, c'est l'Angleterre, qui, par ses colonies, atteint les peuples les plus reculés et les plus sauvages, ce qui explique sa couleur fauve. Le cheval pâle est la France avec sa couleur primitivement adoptée, mais qui a été souillée par ses rois licencieux. Le porc désigne la Russie, dont la puissance dompte les Musulmans, et est représentée par l'aigle qui est noire,

à un chien tout en feu, mais sans flammes;

couleur qui marque aussi son schisme. Enfin le loup gris désigne l'Italie, pour marquer l'origine fabuleuse de Rome, et la couleur grise est la marque de sa défection, le gris approchant de la couleur noire, p 66, n° 8 (Sainte Brigitte, IV° livre, ch. 57).

Voici de sainte Brigitte des allégories qui se rapportent directement à cette vision : ce sont d'abord les chapitres 76, 77 et 78 des révélations éparses.

« Jésus-Christ parle : Dis à ton maître qu'il ne cesse de crier et d'élever la voix, parce que je suis prêt à venir. Heureux ceux qui auront recours à la véritable humilité! » Suiv. le chap. 77.

« C'est le Fils de Dieu qui parle : « Je labourerai cette terre dans le châtiment et les tribulations, jusqu'à ce que ceux qui l'habitent apprennent à implorer la miséricorde de Dieu. » Et le ch. 78.

« Cinq rois de trois royaumes figurés par des animaux; chute d'un sixième roi dans son élévation; et menaces du Christ sur les villes et les royaumes. — C'est le Fils de Dieu qui parle : » Je t'ai fait voir cinq rois et leurs royaumes (dans sainte Hildegarde, 11° vision; car dans sainte Brigitte, en consultant la table, il n'est fait nulle mention ailleurs de ces cinq rois : *Ostendi tibi prius*.) Le premier couronné ressemble à un âne, parce que, dégénérant des bons princes, il s'est fait gloire de sa flétrissure. (C'est la France de 1793). Le second est un loup insatiable (l'Angleterre), qui n'a pas connu sa chute imprévue, qui doit enrichir sa rivale. Le troisième est l'aigle élevé (la Russie), qui méprise les autres. Le quatrième est un bélier, qui s'agite en tout sens (la France avec Napoléon Ier), et brise tout, et qui s'agrandit pour accomplir la justice de Dieu. Le cin-

L'autre à un lion couleur fauve ; l'autre à un cheval blanc ; l'autre à un porc de couleur

quième est un agneau livré à la mort, mais non sans tache, dont le sang répandu a été pour un grand nombre l'occasion d'une grande tribulation et d'une grande ruine (Louis XVI). (Voir le ch. CV). »

Remarquons que le titre du chapitre porte : De cinq rois en trois royaumes. Et cette interprétation est conforme au texte et à la roue de *Joachim*, où l'on ne voit figurer que la France, l'Angleterre et la Russie. Ce sont, en effet, les trois puissances actuellement prépondérantes en Europe et même partout, jusqu'en Afrique, en Chine et aux Amériques. Si Louis XVI est rappelé à la fin, c'est pour montrer que les malheurs qui suivent sont l'effet de la vengeance de sa mort.

« Maintenant je te montrerai un sixième roi (d'un des trois royaumes en question), qui troublera la mer et les braves gens, qui déshonorera la terre de mes saints, et versera le sang innocent, lui qui a hâté le temps de ma vengeance par l'audace de ses méfaits. Si donc il ne revient promptement à résipiscence, mes jugements s'exerceront contre lui, et son royaume sera laissé dans la tribulation ; et il arrivera ce qui est écrit : Ils ont semé le plaisir et le vent (de la vanité), ils recueilleront les calamités de la douleur. Mais ce ne sera pas seulement ce royaume qui sera l'objet de ma colère, mais aussi de grandes villes opulentes. Je susciterai la famine qui dévorera tout ce qu'ils ont de précieux, les guerres intestines ne cesseront de souffler partout la discorde, les insensés feront la loi, et les vieillards et les sages n'oseront lever la tête ; l'honneur et la vérité seront méprisés, jusqu'à ce que

11

noire, et l'autre à un loup de couleur grise ;
et tous se tournaient vers l'occident. Et à

vienne celui qui apaisera ma colère, en ne s'épargnant
pas dans son amour pour le bien. »

Enfin nous ne pouvons résister au désir de citer un
autre passage de sainte Brigitte qui traite de la France
et de l'Angleterre, ch. 103, 104 et 105 du 4ᵉ Livre,
ch. 104. « La Mère de Dieu parle à son Fils... Je vous
prie avec saint Denis et les autres saints, dont les
corps sont ensevelis dans ce royaume de France, mais
dont les âmes jouissent de la gloire céleste, ayez
pitié de ce royaume... Et le Fils répond : Puisque,
étant ma Mère, vous vous adressez à moi avec confiance, dites à celle qui vous écoute la justice qui
peut faire exaucer ces deux rois. La Mère répond :
« J'entends trois voix : La première de ces deux voix
(celle de la France) s'énonce ainsi : « Si j'avais ce
« qui m'appartient, je ne rechercherais pas ce qui
« appartient à autrui ; mais j'ai peur d'être privé de
« l'un et de l'autre. » Alors touché de cette crainte
et de la confusion qu'il aura dans le monde, ce
royaume revient à moi et me dit : « O Marie, priez
« pour moi. » La seconde du roi (d'Angleterre) pense
autrement : « Que ne suis-je, dit-il, en mon premier
« état ! je suis fatigué (de mon hérésie). » Et c'est
pourquoi il revient de même à moi. La troisième voix
de la communauté (de l'Eglise militante et triom-
phante) crie vers moi : « Nos larmes ne coulent point
« autant sur les carnages, sur les ruines, sur les
« désastres, que sur la perte des âmes, qui sont tous
« les jours en danger : c'est pourquoi, divine Maî-
« tresse, priez votre Fils de sauver les âmes. Je vous
« demande donc, ô mon Fils, de les sauver. » Le Fils

l'occident parut devant ces animaux une colline ayant cinq monticules ; et chacun des animaux était muselé à une corde qui se réunissait aux cinq monticules de la colline (1). Et ces petites cordes étaient toutes de couleur brune (2), excepté celle de couleur noire et blanche, qui attachait le loup (3).

Et voilà qu'à l'orient [E] le jeune homme, que j'avais vu à l'angle de conjonction du mur lumineux au mur de pierre revêtu d'une tunique de pourpre, reparut sur ce même

répond : « Il est écrit : A celui qui frappe on ouvre, à « celui qui appelle on répond, à celui qui demande « on accorde. Mais tout homme qui frappe est dehors, « et ces rois sont dehors, puisqu'ils ne me possèdent « pas. Cependant, à votre considération, je leur ouvri- « rai, quand ils le demanderont. »

(1) Le corps des Écritures, p. 2, n° 2. Toutes ces laisses n'en formaient qu'une à la colline, pour montrer que le doigt de Dieu soutenait, comme par un fil, toutes les nations penchées vers la ruine, et aussi l'Église dans les nations.

(2) Pour figurer la peine de l'Église en ces temps difficiles.

(3) Le lien qui rattache l'interprète à Rome est noir d'abord, à cause des tribulations qui affligent la capitale du monde chrétien, mais il est blanc ensuite, pour figurer le beau règne.

angle de conjonction (1). Mais maintenant il m'apparaissait depuis le ventre jusqu'aux pieds, et dans le milieu de la structure humaine il brillait comme l'aurore (2). Et il y avait à cet endroit une lyre posée en travers (3). Et depuis cette place jusqu'au talon, c'est-à-dire jusqu'à la cheville à deux doigts de la plante des pieds son corps était ombragé (4); car, depuis cette limite ses pieds apparaissaient en entier blancs comme du lait (5).

Mais cette autre image que j'avais vue (6) devant l'autel, c'est-à-dire en présence de Dieu, me fut aussi montrée, mais de ma-

(1) Pour marquer que la diffusion de l'Évangile, qui avait eu lieu au commencement de l'Église, se ferait aussi à la fin, après l'apparition de l'interprète. IIIe livre, 2e vision, n° 4; p. 134, n° 2, p. 144, n° 1.

(2) Sur sa jambe était écrit : *Seigneur des Seigneurs, et Dominateur des Dominateurs* (Apoc. 19, 16).

(3) A cinq cordes, comme les cinq patriarchats.

(4) Pour marquer que ce règne du Roi des rois n'était pas encore dans sa perfection, mais qu'il y touchait.

(5) *Qu'ils sont beaux les pieds qui nous annoncent les biens, qui nous prêchent le salut* (Is., 52, 7.)

(6) IIe livre, p. 43, n° 2; p. 45, n° 1.

nière que je pouvais voir maintenant le reste du corps (1). Car depuis le ventre jusqu'au milieu de la structure humaine elle avait différentes taches de rugosité. Et à cette place (2), apparaissait une tête monstrueuse et noire, ayant des yeux de feu ; ses oreilles ressemblaient à celles d'un âne, et ses narines et sa bouche étaient celles d'un lion, qui poussait de terribles rugissements, et qui horrible à voir grinçait convulsivement les dents (3). Et depuis cette tête jusqu'à ses genoux cette image blanche et rouge (4) était comme opprimée par une grande douleur. Mais ses deux jambes depuis les genoux jusqu'aux deux cordons blancs, qui se nouaient transversalement au-dessus des pieds, paraissaient couvertes de sang (5).

(1) Après que les peuples, croyant à son immaculée conception, étaient venus compléter son image.

(2) De l'enfantement de ces nombreux enfants. IIe livre, p. 45, n° 1, 5e vision.

(3) C'est la France représentée plus haut par le cheval ou l'âne, et l'Angleterre représentée par le lion : ces deux bêtes cruelles, dont parle sainte Brigitte pour le dernier âge. Livre IV, ch. 104. Ces deux bêtes y sont représentées comme les plus cruelles, et celles qui doivent soumettre les autres.

(4) Avec les couleurs de l'oriflamme.

(5) Ainsi ce sont d'abord des tribulations par suite

Alors cette tête monstrueuse quitta la place
qu'elle avait, avec tant de fracas, que
l'image de la femme en était émue dans tous
ses membres (1). Et cette image fut unie à
cette tête, comme une masse impure (2).
Et cette tête, s'élevant jusqu'à une montagne, essaya de s'élever au ciel. Mais tout
à coup le tonnerre éclata, frappa cette tête
avec tant de violence, qu'elle tomba du
haut de cette montagne, et qu'elle rendit
le dernier soupir (3). Et tout aussitôt une
nuée noirâtre enveloppa cette montagne (4) ;
et dans cette nuée cette tête fut enveloppée
d'une si grande souillure, que tous les peuples voisins étaient frappés de terreur,
voyant que cette nuée demeurait un peu
trop longtemps sur cette montagne (5). Le
peuple, témoin de ce prodige et saisi d'une
grande crainte, disait : « Hélas ! hélas !

de l'immondicité des peuples, qui devaient être soumis
à Marie, puis des guerres sanglantes.

(1) C'est la commotion de l'Église universelle.

(2) L'Église fut comme unie à tous ces peuples cor-
rompus.

(3) C'est la société entière, qui tombe et qui crie :
Tout est perdu.

(4) Cette grande ville.

(5) C'est l'éclipse annoncée par le vénérable Holz-
hauser.

qu'est ceci? quelle chose extraordinaire!
Ah! qui pourra nous sauver? qui pourra
nous délivrer? Nous ne savons pas comment nous avons pu nous laisser séduire.
O Dieu tout-puissant, ayez pitié de nous.
Revenons, revenons donc. Hâtons-nous
d'embrasser le testament de l'Evangile du
Christ. Car, hélas! hélas! nous avons été
séduits. » Mais voici que les pieds de l'image
de cette femme apparurent tout éclatants de
blancheur, et resplendissants comme le
soleil (1). Et j'entendis une voix du ciel qui
me disait : « Quoique toutes choses sur la
terre touchent à leur fin, en sorte que, le
monde, privé de toutes ses forces, s'incline
vers sa ruine, sous l'oppression de ses douleurs et de ses fléaux, cependant l'Epouse de
mon Fils, persécutée dans ses enfants par les
précurseurs du fils de la perdition et le fils
de la perdition lui-même, ne sera pas ébranlée, bien qu'elle soit vivement combattue par
eux. Au contraire, elle en sortira sur la fin
des siècles plus forte et plus vigoureuse, et,
paraissant plus belle et plus glorieuse, elle

(1) C'était bien figurer l'union mystique de l'Epoux
et de l'Eglise, par le dernier trait de ressemblance de leurs pieds, pour compléter l'homme parfait.

se présentera à son époux avec plus de douceur et de suavité pour recevoir ses caresses. C'est le sens mystérieux que te présente
la vision qui t'est donnée. »

DOUZIÈME VISION.

LA DERNIÈRE CONSOMMATION.

Après, je vis que tous les éléments et toutes les créatures étaient frappés d'une terrible commotion ; le feu, l'air et l'eau rom-
pirent leurs limites, et firent trembler la
terre. Les foudres et les tonnerres retentirent, les montagnes et les forêts se renver-
sèrent au point que toute âme vivante
succomba. Alors tous les éléments furent
purifiés, de manière à faire disparaître à
jamais tout ce qu'il y avait en eux de souillures. Et j'entendis une grande voix crier
avec force par toute la terre, et dire : « O
enfants des hommes, levez-vous tous, vous
qui êtes ensevelis dans la terre. » Tout à
coup tous les ossements humains, en quelque lieu qu'ils fussent, de se réunir, de se
revêtir de leur chair ; tous les hommes de
ressusciter avec tous leurs membres et dans
leur sexe, les bons tout brillants de clarté,
les méchants apparaissant ténébreux, en

sorte que l'œuvre de chacun se manifestait clairement en lui-même. Et les uns avaient le signe de la Foi, d'autres en étaient privés. Et parmi ceux qui avaient ce signe les uns le portaient sur leur front comme l'éclat de l'or, d'autres avaient comme une ombre qui était pour eux une flétrissure.

Et voilà que du côté de l'orient resplendit soudain une grande clarté; c'était le Fils de l'homme dans une nuée avec le même visage qu'il avait sur la terre; il venait avec les chœurs des Anges, portant à découvert les plaies qu'il avait reçues. Il était assis sur un trône brillant, mais sans feu, ayant sous lui la grande tempête qui devait purifier le monde.

Et ceux qui avaient le signe de la Foi furent enlevés avec lui comme en un tourbillon dans les airs, à l'endroit où j'avais vu d'abord la lumière qui représente le secret du suprême Créateur (1); et les bons étaient là séparés des méchants. Puis, comme il est écrit dans l'Évangile, il bénit avec douceur les justes pour le royaume céleste; et d'une

(1) Bienheureux, par conséquent, l'interprète à venir, à qui il sera donné de ravir le secret de la fin du monde. P. 10, n° 1.

voix terrible, comme il est encore écrit, il condamna les pécheurs aux peines de l'enfer. Et cela sans autre examen, sans autre réponse sur leurs œuvres, que ceux qui sont indiqués dans l'Évangile ; parce que toute œuvre soit pour le bien, soit pour le mal sera marquée dans chaque individu. Quant à ceux qui n'avaient point le signe du baptême, ils étaient vers l'aquilon [F] avec la troupe des démons, et n'avaient point part à ce jugement ; mais, voyant toutes ces choses comme un tourbillon, ils attendaient la fin du jugement ; et poussaient en eux-mêmes de profonds soupirs.

Après le jugement, les foudres, les tonnerres, les vents et les tempêtes cessèrent ; et tout ce qu'il y avait de périssable dans les éléments disparut, et il se fit un grand calme. Alors les élus devenus tout à coup aussi resplendissants que le soleil se dirigèrent en grande joie vers le ciel avec le Fils de Dieu et toute la troupe bienheureuse des Anges ; tandis que les réprouvés, poussant des hurlements affreux, étaient entraînés en enfer avec le Diable et ses Anges. Et c'est ainsi que le ciel reçut les élus, et que l'enfer engloutit les réprouvés. Aussitôt de si grandes joies et de si grandes louanges éclatèrent dans le ciel, et une si grande tristesse et de si grands cris retentirent dans le lac de l'abîme, que le sens humain n'est pas capable de l'exprimer.

Bientôt après tous les éléments resplendirent dans une sérénité parfaite, comme si la nature se dépouillait d'une peau noire, en sorte que le feu avait perdu pour toujours son ardeur, l'air sa densité, l'eau l'impétuosité de ses vagues, la terre sa fragilité. De même le soleil, la lune et les étoiles, comme un vaste ornement dans les cieux, brillaient de la plus belle splendeur, et demeuraient fixes sans orbites, de manière à faire disparaître les vicissitudes du jour et de la nuit. Il n'y avait plus de nuit, c'était continuellement le jour (1). Et c'est fini.

Et j'entendis encore une voix du ciel me dire : « Ces mystères annoncent les derniers temps, où tout ce qui est temporel sera changé en l'éternelle splendeur qui ne finira jamais. Les derniers temps seront accablés de divers fléaux, et la fin du monde sera annoncée par différents signes. Comme on

(1) La terre s'étant rapprochée vers l'aquilon des eaux supérieures, lesquelles y seront repliées de ce côté, le soleil, la lune et les étoiles seront toujours fixes à l'orient, p. 5, 3° vision.

le voit, au dernier jour, tout l'univers sera frappé de mille terreurs, et sera ébranlé par des tempêtes, en sorte que tout ce qui est périssable périra dans ces calamités. Car le monde, ayant achevé sa course, ne pourra durer plus longtemps, mais il sera consumé selon les divins décrets. Et de même qu'un homme sur sa fin succombe prévenu par de grandes crises, en sorte qu'au moment même de sa mort il est brisé par de grandes douleurs ; de même le monde sera prévenu de sa fin par des calamités, qui, au moment même de sa ruine, le briseront dans de grandes terreurs : A ce spectacle les éléments sembleront reculer d'horreur, et ne pourront plus en supporter l'éclat.

TREIZIÈME ET DERNIÈRE VISION.

EPIPHONÈME.

Je vis ensuite un éther splendide, dans lequel j'entendis au milieu de toutes les allégories, une admirable symphonie de toutes sortes d'instruments de musique ; 1° par les louanges des joies des citoyens du ciel ; 2° et de ceux qui persévèrent en marchant constamment dans la voie de la vérité ; 3° par les plaintes de ceux qui sont ramenés à louer les Saints ; 4° par le zèle des vertus s'animant pour le salut des peuples, malgré les embuches des démons ; mais elles parviennent à les vaincre, en ce que les hommes fidèles passent par la pénitence de l'état du péché à l'amour des choses célestes. Et leur concert était comme la voix d'une multitude s'harmonisant par différentes hiérarchies pour l'accord des suprêmes louanges.

1° *Louanges aux citoyens du ciel.*

Et elle disait : « O pierre précieuse, éclatante, en toi s'est répandue la gloire très-pure du soleil, cette fontaine jaillissante du cœur de Dieu le Père, qui est son Verbe unique, par lequel il a créé la première matière du monde, qu'Ève a troublée. Ce Verbe a formé un homme en toi, et tu es la pierre précieuse, éclatante, d'où le Verbe lui-même a produit toutes les Vertus, de même que dans la première matière il a produit toutes les créatures (1).

O très-doux rejeton de la race de Jessé, ô combien est grande ta vertu, pour que le Seigneur ait jeté les yeux sur la plus belle des filles. Comme l'aigle fixe le soleil, le Père céleste a considéré l'éclat de cette Vierge, lorsqu'il a voulu incarner en elle son Verbe. Car l'âme de la Vierge étant initiée aux mystères secrets de la Divinité, une fleur éclatante se produisit miraculeusement de la Vierge (2).

(1) Si nous ne nous trompons, la Sainte émet l'opinion que Marie a été formée avant toute créature, *Primogenita ante omnem creaturam,* même angélique ; en sorte qu'elle est non-seulement la reine, mais la mère des Anges, de même qu'Ève a été la mère des vivants. Par conséquent Marie a été préservée du péché originel, auquel elle n'a pas consenti, quoique, selon la chair, elle soit fille d'Adam. Son âme préexistait à toute créature.

(2) Ainsi la Sainte, après avoir énoncé les prérogatives de l'âme de Marie, se plaît à montrer son origine temporelle, pour manifester en son corps issu de la famille de David le mystère de l'Incarnation. L'âme de Marie a donc été créée avant toute créature, mais son corps est né dans le temps de la race de David. L'annotation de sainte Hildegarde porte LAUS MARIÆ.

Et ce concert dit encore : « O très-glorieuse lumière vivante, Anges qui, placés au-dessous de la Divinité, contemplez dans vos célestes ardeurs les yeux mêmes de Dieu, sous l'obscurité mystérieuse qui convient à la créature, en sorte que vous ne pouvez jamais être satisfaits. O combien glorieuse est la joie de votre nature, demeurée intacte de toute mauvaise pensée, qui s'est aussitôt élevée dans votre compagnon, cet ange déchu, en voulant voler au-dessus du pinacle intérieurement caché de la Divinité. Dès ce moment ce séducteur a été précipité dans sa ruine, mais ses suppôts ont résolu d'entraîner dans le malheur de sa suggestion toute créature sortie des mains de Dieu. C'est pourquoi, vous, ô Anges ! qui conservez les peuples dont vous êtes la forme (1) ; ô vous, Archanges ! qui recueillez les âmes des justes (2) ; ô vous, Vertus ! Puissances ! Principautés ! Dominations ! et Trônes ! qui êtes comptés pour le mystérieux nombre cinq (3) ; ô vous enfin, Chérubins et

(¹) *Vous êtes tous des administrateurs*, comme dit saint Paul (Hébr., 1, 14).

(2) Pour les introduire dans les cieux.

(3) De l'étoile mystérieuse, IIIe livre, 1re vision.

Séraphins ! qui êtes le sceau même (1) des secrets de Dieu, louange à vous, qui voyez comme en une fontaine l'ancienne place du cœur de Dieu. Vous voyez la force intérieure du Père, qui produit de son cœur de (grandes) figures (2). »

2° *Louanges de ceux qui persévèrent.*

« O hommes à jamais recommandables ! qui sur la terre avez contemplé des yeux de l'esprit les choses cachées, qui avez annoncé sous des figures frappantes la vive et pénétrante lumière qui sortait du rameau fleuri comme du trône de la lumière incréée ; vous avez prédit dans des temps reculés le salut des âmes exilées, qui avaient été ensevelies dans la mort. Vous vous êtes animés comme les roues (3), pour dire dans un admirable langage les merveilles de la montagne qui touche le ciel, tout en répandant l'onc-

(1) Le cachet, p. 39, n° 4.

(2) Le Père désirait conserver la création malgré le péché d'Adam ; et c'était l'ancienne disposition de son cœur, mais il fut contraint par les crimes des hommes à abîmer la terre sous les eaux du déluge, jusqu'à ce que la Rédemption fût préparée par son Fils et la réparation consommée par son sacrifice.

(3) Les Prophètes par les Évangélistes.

tion sur de grandes eaux (1) , puisque parmi vous a surgi une lampe ardente (2), qui illumine par avance cette montagne (3). O vous, fécondes racines! avec lesquelles l'œuvre des miracles et non l'œuvre des crimes a été plantée à travers le torrent, comme dans la voie des ombres transparentes (4). Et toi aussi voix (5) toute de feu, l'abré-gé (6), le précurseur de la pierre lisse, qui renverses l'abîme, O vous tous, réjouissez-vous dans votre chef, réjouissez-vous en celui que plusieurs ont désiré de voir, et qu'ils ont ardemment invoqué. »

Et cette symphonie dit encore : « O troupe aguerrie du rameau fleuri sans épines (7) ! tu retentis par tout l'univers en parcourant toutes les nations dont le goût perverti se nourrit parmi les animaux immondes ; tu les a combattues par le docteur inspiré (8),

(1) De grands peuples.

(2) Elie.

(3) Du Christ par le Mont-Carmel.

(4) Des figures prophétiques qui représentaient le Messie.

(5) Du désert, saint Jean-Baptiste.

(6) Des prophètes.

(7) Le même rameau qui sort du trône de la lumière incréée, p. 170, l. 12. C'est le retour des Juifs.

(8) Saint Paul, l'apôtre des Gentils, figurant le grand Pontife.

le protecteur de celui qui plante les racines(1),
afin de dresser les pavillons et de terminer l'édifice du Verbe éternel. Tu es, toi
aussi, la noble race du Sauveur ; tu es partie
pour les régénérer par le baptême dans le
sang de l'Agneau; c'est lui qui t'a envoyée
à travers le glaive parmi des chiens cruels(2).
Ces hommes pervertis ont anéanti leur
gloire par les œuvres mêmes de leurs mains;
car, voulant assujettir à leur puissance celui
dont l'œuvre n'est point faite de mains
d'hommes, ils n'ont pu même le saisir (3).
Mais, ô troupe très-illustre des Apôtres! tu
te lèves pleine de la vraie sagesse pour briser
les portes de l'école de Satan (4), en puri-
fiant dans les eaux de la vive fontaine ceux
qu'ils ont entraînés. Tu es une lumière éclatante au milieu des plus épaisses ténèbres,
ô réunion des plus fortes colonnes! pour
soutenir avec tous ses ornements l'épouse

(1) Qui interprète les prophètes, p. 171, l. 4.
(2) Non plus des loups, comme du temps des Apôtres, mais vers les hommes des derniers temps, qui
poussent le cynisme jusqu'à la fureur.
(3) *Salutem ex inimicis nostris;* c'est bien ce qui
doit arriver de notre temps aux ennemis du Souverain-
Pontife, dont l'autorité n'est pas humaine; ils seront
confondus dans leur entreprise (Luc, 1, 71).
(4) *Atollite portas* (Ps. 23, 7 et 9).

de l'Agneau; l'Agneau pour la joie duquel la Vierge-mère elle-même est la première Porte-croix (1). Car l'Agneau est l'époux immaculé, et son épouse est immaculée. »

Cette symphonie disait encore : « Victorieux triomphateurs! qui par l'effusion de votre sang avez rendu hommage à l'établissement de l'Église (2); vous avez mêlé votre sang à celui de l'Agneau, faisant le repas (3) avec le veau gras (4). Oh! combien est grande la récompense que vous possédez, vous qui avez méprisé vos corps sur la terre; en imitant l'Agneau de Dieu, vous avez honoré sa Passion, par laquelle il vous a rétablis dans l'héritage où vous êtes entrés. Vous êtes des boutons de roses, vous qui, par l'effusion de votre sang, jouissez du plus grand bonheur, ce bonheur qui découle et ruisselle de la Rédemption, comme de la source du plus profond décret du conseil divin, ce bonheur qui réside avant tous les siècles au Dieu éternel. Que tout honneur rejaillisse sur votre union à votre origine (5).

(1) Nous croyons lire saint François de Paule.
(2) Par le sang des martyrs vos prédécesseurs.
(3) Du soir.
(4) Le retour des Juifs, comme l'enfant prodigue.
(5) Aux martyrs de la primitive Église.

Vous êtes tous l'instrument de l'Eglise, puisque vous l'avez abondamment inondée du sang de vos blessures. »

Et ce concert continuait : « O courageux héritier du lion (1) ! qui dominez entre le temple et l'autel (2), pour l'administration (3), vous êtes comme les Anges qui, tout en publiant ses louanges, assistent les peuples pour les secourir; vous êtes parmi les Esprits célestes, qui en sont chargés, tout occupé de ces soins continuels dans la mission que vous a confiée l'Agneau. O imitateur de cette sublime personne sous les plus précieux et les plus excellents rapports, qu'il est relevé votre pouvoir! par lequel un simple mortel procède en liant et déliant de la part de Dieu les faibles et les étrangers (4), et conférant même des pouvoirs aux innocents et aux coupables (5), et dispensant les plus grandes charges. O vous! qui remplissez si bien les fonctions de l'ordre angé-

(1) De Juda, glorieux Pontife.
(2) Comme les deux Zacharie, l'un fils de Joïada, l'autre fils de Barach et tous ceux qui pleurent entre le vestibule et l'autel suivant la prophétie de Joël.
(3) De son Église.
(4) Dans la loi.
(5) Convertis.

lique, et qui prévoyez les établissements solides qu'il est nécessaire de fonder ; c'est en cela que votre dignité est relevée (1) ! »

Et ce concert disait de même : « O beaux visages ! à qui il est donné de voir Dieu, vous qui prenez votre modèle sur l'aurore (2), ô bienheureuses vierges ! que vous êtes nobles ! vous, en qui le Roi s'est miré, lorsqu'il a représenté en vous la splendeur même des cieux, où vous êtes par tous vos ornements comme un jardin délicieux, exhalant les plus suaves odeurs. O verdoyante noblesse ! qui places ton origine au soleil, qui brilles d'une clarté sereine dans la roue (3), et qu'aucune perfection terrestre ne peut même comprendre, tu es entourée des étreintes des divins mystères (4); tu rougis comme l'aurore, l'ardeur de ta flamme est celle du soleil(5). »

(1) Que si ces glorieuses comparaisons s'appliquent au ministère ecclésiastique dans la plénitude du sacerdoce pour les temps antérieurs, combien sont-elles encore plus convenables au Pasteur angélique et à ses assesseurs, qui doit être aidé des anges?

(2) La sainte Vierge comparée dans les autres visions à l'aurore.

(3) De l'Évangile par les conseils évangéliques.

(4) Car ta pureté te fait concevoir et goûter le festin des noces de l'Agneau.

(5) Tu as les couleurs de l'oriflamme rouge et

3° *Plaintes de ceux qui sont convertis.*

Puis la même symphonie, comme la voix d'une multitude, exhalait ses plaintes sur ceux qui devaient être ramenés aux mêmes degrés de cette harmonie ; voici donc ces gémissements : « Oh ! cette voix, qui se plaint, exprime une profonde douleur. Hélas ! hélas ! une admirable victoire est résultée d'un admirable amour de Dieu, dans laquelle se cache sourdement l'aiguillon de la chair (1). Hélas ! hélas ! en quel lieu la volonté pourra-t-elle ignorer le crime, où le désir de l'homme pourra-t-il éviter la passion ? puisqu'un si petit nombre parvient jusqu'à toi (2). Pleure donc sur cette faiblesse, ô candeur ! toi qui n'as point perdu la belle modestie de l'innocence, et qui n'as point goûté l'amorce attrayante de l'antique serpent, pleure de ce que les hommes ont si

blanc, et tu connais l'union des divins cœurs de Jésus et de Marie, de l'aurore et du Soleil de justice.

(1) Saint Paul.

(2) O reine des vertus! car c'est au moment des visions les plus sublimes et dans ces mêmes beautés célestes représentées à la vue intuitive comme les noces de l'Agneau (*suprà*), *dont il n'est pas permis à l'homme de rien dire, que l'esprit est prompt et que la chair est faible* (2, Corinth., 12, 14 ; Marc, 14, 58).

peu d'attention à te conserver. O vive fontaine (1) ! combien est grande ta douceur, toi qui n'as point perdu de vue ces pécheurs; mais qui as adroitement prévu le moyen d'échapper à la chute des Anges , lorsqu'ils ont ambitionné un état qu'il ne leur était pas permis d'avoir. Réjouis-toi, fille de Sion, parce que le Seigneur te rend un grand nombre de ceux que le serpent a voulu te ravir. Mais, en dépit des démons , ils brillent maintenant d'une plus grande lumière qu'avant la Rédemption. Car, cette vive lumière dit en parlant de ces âmes : « J'ai confondu le serpent séducteur par sa séduction même, qui n'a pas eu le succès qu'il en attendait. Aussi l'ai-je juré par moi-même, je ferai tant et plus dans cette lutte, que tu ne pourras te vanter d'aucune victoire, ô serpent! Car j'ai coupé court à ta suggestion, pour retrancher et faire disparaître le résultat de ta cruauté, Séducteur infâme (2) ! »

(1) O Marie.

(2) Ainsi dans le beau règne Jésus manifestera tellement sa puissance, que le démon sera surpris de voir se briser dans ses mains ses plus cruelles et ses plus adroites machinations.

4° *Le zèle des vertus s'animant pour le salut des peuples.*

Et cette symphonie continuait, comme la voix d'une multitude par le zèle des vertus pour le salut des hommes. Malgré les efforts contraires des ruses sataniques, pour porter aux vices, les vertus parvenaient à les déconcerter, en ramenant enfin sous l'inspiration divine les peuples à la pénitence, et elle s'écriait dans son harmonie : « Nous, les vertus, nous sommes en Dieu, nous vivons en Dieu, nous combattons pour le Roi des rois, et nous séparons le bien du mal. Car nous avons été les premiers à combattre, lorsque nous sommes restés vainqueurs, tandis qu'il est tombé celui qui voulait s'élever au-dessus de lui-même. Marchons donc maintenant encore pour secourir ceux qui nous invoquent, rompre les filets du démon, et conduire ceux qui veulent nous imiter jusqu'aux bienheureuses demeures (1). »

(1) Ces encouragements sont pour la dernière époque et le Pasteur angélique.

5° ÉPIPHONÈME.

Gémissements des âmes ensevelies dans la chair.

« Oh! pauvres exilées! qu'avons-nous fait en nous éloignant par le péché? nous devrions être les filles du roi, et nous voilà tombées dans l'ombre de la mort. O soleil vivifiant! portez-nous sur vos épaules jusqu'au légitime héritage, que nous avons perdu en Adam. O Roi des rois! nous combattons vos combats. »

Prière de l'âme fidèle.

« O douceurs de la Divinité! ô vie délicieuse! dans laquelle je serai revêtue de cet habit lumineux, que j'ai perdue à mon origine, je te réclame, j'invoque toutes les vertus. »

Réponse des vertus.

« O âme trop heureuse! ô douce créature de Dieu! qui es élevée dans la sublime profondeur de Dieu, que tu as de zèle! »

L'âme fidèle.

« Oh! je voudrais aller à vous, pour connaître l'union des cœurs!

Les vertus.

« Attends, fille du Roi, c'est avec toi que
nous devons combattre. »

L'âme fidèle.

« Oh! le rude labeur! oh! quelle lourde
charge ai-je à soutenir sous cette enveloppe
mortelle, il est dur de combattre contre la
chair. »

Les vertus.

« O âme! respecte l'état où le Seigneur t'a
placée, tu es l'heureux instrument dont Dieu
s'est servi dans la virginité, pour briser ce
qui te fait peine à combattre ; c'est avec nous
que tu dois vaincre Satan. »

L'âme fidèle.

« Accourez vite à mon secours, afin que
je puisse résister. »

La science de Dieu (1).

« Considère la force (2), dont tu es revê-

____

(1) Par l'interprète à venir.
(2) Des saintes Écritures.

tue, ô fille du salut! Sois ferme, et tu ne tomberas pas. »

L'âme fidèle.

« Oh! je ne sais que faire? Où vais-je fuir? Je ne puis achever tout ce qui m'entoure, je vais certes m'en débarrasser (1). »

Les vertus.

« O malheureuse conscience! ô pauvre âme! pourquoi cacher ainsi ton visage devant ton Créateur. »

L'âme fidèle.

« Dieu a créé le monde pour en jouir, je ne pèche point en usant de la création. »

Satan.

» Que tu es folle! de quoi te sert ton travail? Vois le monde, il te couronnera d'honneurs. «

Les vertus.

« Hélas! hélas! pleurons, ô vertus, la-

(1) C'est le monde de notre époque qui ne veut rien entendre aux mystères qui lui sont proposés.

mentons-nous, parce que les brebis du Seigneur fuient la vie. »

L'humilité.

« Je suis la reine des vertus : Venez à
moi, dit l'humilité, et je vous nourrirai
pour chercher la dragme perdue, et la cou-
ronner heureusement dans sa persévérance.»

Les vertus.

« Oui, nous viendrons à toi, glorieuse
reine, ô la plus douce médiatrice (1) ! »

L'humilité.

« C'est pourquoi, mes très-chères filles,
je vous retiens pour les noces du Roi. O
filles d'Israël (2), Dieu vous a réveillées sous
un tronc d'arbre (3). Rappelez-vous donc en
ce moment votre origine. Eclatez de joie,
ô filles de Sion ! »

Satan.

» Quelle est celle qui peut dire que nul

(1) La sainte Vierge.
(2) C'est le retour des Juifs.
(3) Le franc olivier, qui donne la séve, selon la
doctrine de saint Paul (Rom., 11).

n'existe excepté Dieu ? Je dis moi : Celui qui me recherche et qui voudra suivre ma volonté, je lui donnerai toutes choses. Mais toi, que peux-tu donner avec tes compapagnes ? vous ne savez toutes qui vous êtes. «

L'humilité.

« Je sais toujours bien avec mes compagnes, que tu es l'ancien serpent, qui as voulu t'élever au-dessus du Très-Haut; mais Dieu même t'a précipité dans les profondeurs de l'abîme. »

Les vertus.

« Pour nous, nous habitons toutes les sublimes hauteurs. »

L'âme fidèle.

« O royales vertus! que vous êtes belles, que vous êtes brillantes dans le soleil élevé ! et qu'elle est douce votre demeure ! C'est pourquoi je suis bien à plaindre de vous avoir quittées ! »

Les vertus.

« Oh ! viens, reviens vers nous, fugitive, et le Seigneur te recevra. »

L'âme fidèle.

« Hélas ! l'ardeur des passions m'a entraî-
née dans le péché, et c'est pourquoi je n'ai
pas osé me présenter à vous. »

Les vertus.

« Ne crains rien, ne fuis plus, car le bon
pasteur cherche en toi la brebis égarée. »

L'âme fidèle.

« Il est absolument nécessaire que vous
daigniez me recevoir, parce que mes blessures se sont envenimées par la contagion
qu'y a répandu l'ancien serpent. »

Les vertus.

« Accours, suis les traces, où tu ne peux
plus tomber en notre compagnie, et le Seigneur te guérira. »

L'âme fidèle.

« Moi, pauvre pécheresse, qui, pleine
d'ulcères, ai fui la vie, j'irais vers vous, pour
que vous me présentiez le bouclier de la
Rédemption ! »

Les vertus.

« O âme fugitive ! sois ferme, et revets-toi des armes de la lumière. »

L'âme fidèle.

« O troupe entière de la reine des vertus (1) ! ô vous, lis éclatant avec la rose empourprée ! inclinez-vous vers moi, car j'étais exilée loin de vous, et secourez-moi afin que je puisse revivre dans le sang du Fils de Dieu. Et toi, vrai baume, ô humilité ! prête-moi ton secours, parce que l'orgueil, me faisant par les vices de profondes blessures, m'a brisée. J'accours maintenant vers toi, daigne me recevoir. »

L'humilité.

« Vous toutes, ô vertus ! recevez cette pécheresse, qui pleure sur ses blessures, à cause des plaies de son Sauveur, et amenez-la-moi. »

Les vertus.

« Nous voulons te l'amener, nous ne vou-

______

(1) La sainte Vierge.

lons pas te quitter, et toute la cour céleste se réjouit de ta joie; il faut donc laisser éclater nos transports. »

L'humilité.

« O pauvre fille, viens m'embrasser, car c'est pour toi que le grand médecin a souffert des plaies cruelles et bien amères. »

Satan.

» Qui es-tu? d'où viens-tu? Tu m'as recherchée, je t'ai fait parcourir le monde extérieur, et maintenant tu me confonds par ton retour? Ah! je te renverserai par mes combats (1). «

L'âme fidèle.

« J'ai reconnu que toutes tes voies étaient mauvaises, c'est pourquoi je t'ai fui, c'est maintenant que je te combats, trompeur. »

L'âme fidèle.

« Viens donc, humilité, ô ma reine! viens me guérir par ton baume. »

(1) Sous l'Artechrist.

L'humilité.

« O victoire (1)! qui as déjà terrassé ce démon dans les cieux, pars avec tes compagnes, et venez toutes l'enchaîner. »

La victoire aux vertus.

« O très-forte et très-glorieuse milice! venez m'aider à lier ce trompeur. »

Les vertus.

« O très-douce guerrière au torrent de la fontaine, qui as englouti ce loup ravissant, nous combattons volontiers avec toi contre ce séducteur des âmes. »

L'humilité.

« Liez-le donc, ô très-illustres vertus! »

Les vertus.

« O notre reine! nous allons vous obéir, et nous suivrons en tous points vos ordres. »

(1) Saint Michel aux derniers temps par Marie immaculée.

La victoire.

« Réjouissez-vous, mes compagnes, parce que l'ancien serpent est enchaîné ! »

Les vertus.

« Louanges à vous, ô Christ, roi des Anges ! Qui êtes-vous, Seigneur, pour avoir daigné concevoir en vous-même le grand dessein de fermer ce gouffre infernal aux publicains et aux pécheurs ? Ils brillent maintenant dans la beauté suprême : Gloire à vous donc, ô notre Roi ! ô Père tout-puissant ! C'est de vous que sort la fontaine de l'ardente lumière. Conduisez vos enfants par le vent favorable, qui gonfle les voiles des mers, de manière à nous les laisser diriger heureusement au port de la Jérusalem céleste. »

Et ces voix étaient comme les voix des multitudes, lorsqu'elles font retentir leurs clameurs. Et leur concert me pénétra tellement, que je compris incontinent ce qu'elles voulaient dire.

Alors j'entendis une voix partir de ce

même brillant éther pour me dire : « Ces louanges continuelles de la voix et des cœurs sont adressées au Créateur suprême, qui soutient lui-même par sa grâce non-seulement ceux qui sont debout, qui persévèrent, mais encore ceux qui sont tombés, ou penchés vers la ruine, pour les placer sur des trônes célestes. »

FIN.

APPENDICE

SUR LA GRACE ET LA PHILOSOPHIE

Tiré de la 8e et de la 10e vision
du IIIe livre (P. 128 et 144).

I

Discours sur la Grâce.

§ 1. EXHORTATION AUX PÉCHEURS.

1° *La grâce prévenante.*

Il y a lutte pour accomplir ou non ce que
je conseille. Et comment ? Je le donne ainsi
à entendre : tandis que j'avertis l'homme au
point qu'il commence à gémir et à pleurer
ses péchés, si sa volonté suit les conseils
que je lui donne (car l'homme comprend
dans son sens intime le changement qui
s'opère en lui, de la même manière qu'il
lève ses yeux pour regarder, qu'il prête

13

l'oreille pour écouter, qu'il se dispose à parler, qu'il tend la main pour toucher, qu'il avance le pied pour marcher), si, dis-je, sa volonté suit mes avis, tout aussitôt elle s'élève, réprime et domine les sens, et leur apprend ce que la nature leur laisse ignorer.

2° *La grâce efficace.*

Et comment ? L'homme alors change, parce qu'il lui faut suivre, malgré lui, la volonté qui lui est supérieure ; car il lui est soumis dans sa dépendance, à cause de son infériorité, et il la suivra bon gré mal gré. C'est moi qui inspire le bien tout d'abord, qui l'incite au cœur, qui fournis à la volonté l'œuvre à faire : et j'y parviens par le conseil, par la remontrance et par le don tout vivifiant de l'inspiration du Saint-Esprit (1). Mais si la volonté de l'homme s'oppose à ces bienfaits, tous ces avertissements sont comme non avenus (2). C'est pourquoi tout aussitôt que l'homme peut correspondre dans le feu de ces dons par la connaissance qu'il a de mon approche, vite qu'il s'y porte,

____

(1) On le voit, même avec la grâce efficace, le libre arbitre est respecté.

(2) Ainsi Dieu ne perd rien en donnant sa grâce.

et que sa volonté suive aussi ces bienfaits
pour accomplir dans la charité le bien proposé. Car l'homme n'a la connaissance du
bien et du mal, qu'afin de mieux concevoir
Dieu, en évitant le mal, et en pratiquant le
bien dans toutes ses œuvres; et c'est ainsi
qu'il honore Dieu dans une crainte qui
lui permet de l'embrasser dans la charité
parfaite (1).

3° *La charité parfaite.*

Et comment (2) ? S'il ouvre les yeux de
l'esprit intérieur vers le bien, s'il refuse, s'il
rejette le mal qu'il peut faire par les sens
extérieurs, toute terrestre créature est soumise à sa puissance, en sorte qu'il connaît et
qu'il aime d'autant plus le Seigneur, en s'appliquant avec intelligence à l'œuvre de la
science des saints, qu'il a cette crainte tem-
pérée par l'amour du Tout-Puissant, qui lui
assujettit, pour relever sa gloire, un grand
nombre de créatures (3). C'est alors que
l'homme répand dans son entendement ce

(1) C'est, en effet, à la charité parfaite que tend
toujours la grâce efficace.
(2) A-t-il ainsi la charité parfaite ?
(3) En lui accordant le don des miracles.

qu'il comprend par la science , et qu'il dis-
cerne dans les créatures ce qu'elles ont de
bon , ce qu'elles ont de méprisable , ce
qu'elles ont d'utile, ce qu'elles ont de futile,
si bien que par sa Foi, dans laquelle il connaît Dieu, toutes ses œuvres sont relevées
et rendues agréables à Dieu et aux Anges.

4° *La conversion tardive ou forcée.*

Quelquefois aussi je touche le cœur de
l'homme, et je l'engage à commencer tout
de bon à pratiquer la justice et à éviter le
mal ; mais il me méprise et s'imagine qu'il
lui est permis de faire tout ce qu'il veut, et il
remet sa conversion au temps où son corps
abattu par les glaces de l'âge le lui permet-
tra, et où la vieillesse se blase de l'état du
péché. Alors je continue de l'avertir, et de
l'exhorter au bien, et de résister à ses désirs.
Et tandis qu'il me néglige, il est amené par
la perte des biens ou d'autres calamités qu'il
souffre, à faire le bien comme malgré lui et
contre lui-même ; son âme ulcérée ne trouve
plus de plaisir à faire ce qu'il avait projeté
dans son état de prospérité, qu'il ne croyait
sujet à aucun revers, et sur lequel il s'était
reposé pour satisfaire toujours jusqu'au
moindre de ses désirs. Bien que cet homme

ne me reçoive pas franchement, il ne m'a pourtant pas méprisée ; je n'ai donc pas entièrement perdu ma peine. Car je n'ai point à dégoût de toucher les plaies envenimées par la sanie de vices innombrables, honteuses par le déshonneur et l'infamie, invétérées par la langueur croupissante du péché ; et je ne crains pas de me déshonorer en les pansant doucement au moment où je commence à extirper cette humeur maligne et livide, c'est-à-dire lorsque je considère ces plaies, et que je les sonde au souffle persuasif et vivifiant du Saint-Esprit.

5° *La conversion miraculeuse.*

Mais si ce mal est invétéré par une habitude opiniâtre, en sorte que le péché commence à faire sentir à l'âme l'empire de la passion ; si au milieu de cette affliction le péché fait de nouvelles blessures, dont il accumule les affreux ravages comme un amas d'immondices, comme une masse sordide où fourmillent les vers, d'où pullulent dans de la vase croupie les venins mortels de scorpions, de serpents, de crapauds et d'autres reptiles venimeux ; et s'il produit un endurcissement du cœur tel qu'un cailloux qu'on ne peut briser ; s'il est enfin comme

un intolérable fardeau qui pèse sur la conscience, que faudra-t-il faire? Alors certes on
ne peut guère espérer que cet homme puisse
revenir de son iniquité vers Dieu, parce
qu'on le regarde déjà comme la proie du
démon. Cependant je ne veux point abandonner cet homme; mais au milieu du combat je veux être pour lui une protection,
une redoute. Je vais commencer par abattre
la dureté de cette pierre de péché, parce
qu'il est difficile de la briser au milieu de la
fange de crimes si horribles, qui sont,
comme nous l'avons dit, la cause de sa dépravation et de son iniquité, qui le rendent
semblables à un cadavre en pourriture, et
qui le font la pâture du démon pour en être
dévoré. Et comment le sauver? l'Écriture ne
dit-elle pas du Fils de Dieu : Ma nourriture
est de faire la volonté de mon Père? Et le
voilà la pâture du démon, qui le destine à
la mort, en lui inspirant ces souffles im-
purs, dont on vient de parler, ces conseils
qui inclinent sa volonté vers Satan. Tels
sont les désirs et le but des continuels efforts
du démon; et de cette peste arrive tout le
mal.

6° *Manière dont s'inculque la grâce : le concile de Trente.*

Mais comment enfin le sauver ? A peine l'ai-je touché que cet homme dit en lui-lui-même : « Que me reste-t-il ? J'ignore le bien, je ne puis même y penser. » Et dans cette ignorance il soupire et dit : « Oh ! pécheur que je suis ! » Mais il n'éprouve pas d'autre sentiment, parce qu'il est accablé sous le poids de ses péchés, et que les ténèbres de ses iniquités l'ont troublé. Je touche encore ses plaies ; et, ayant reçu mes reproches, il est mieux disposé à me comprendre, et, faisant réflexion sur lui-même, il dit encore : « Malheur à moi ! Que vais-je faire ? Je ne sais, je ne peux même penser ce qu'il adviendra de moi, à cause de la multitude de mes péchés. Ah ! de quel côté me tourner ? vers qui porterai-je mes pas pour trouver du secours, pour cacher en moi la honte de mes crimes et les détruire par mon repentir ? » Vient encore une autre réflexion sur lui-même dans cette lutte qu'il éprouvait en péchant, et il revient à la pénitence avec la même ardeur qu'il avait auparavant à pécher. Et, parce que cet homme alors frappé de mes réprimandes se réveille ainsi du sommeil de la mort, qu'il avait embrassée comme y devant trouver la vie, il ne veut plus jamais faire servir au péché ses pensées, ses paroles, ses actions, qu'il avait ardemment dirigés vers le crime, mais dans la ferveur de sa vive pénitence il s'élève vers moi. C'est pourquoi je le reçois de suite sans réserve, et je le laisse aller après comme en liberté, de telle manière qu'il n'est plus atteint de ces inclinations perverses des concupiscences, dont on vient de parler, telles que les ressentent mes fils bien-aimés, que j'éprouve dans une grande misère (1) sous le feu des tentations diaboliques.

Pour ce pécheur, il n'en a plus besoin, car le souvenir de ses péchés passés le retient toujours dans une douleur telle qu'il se hait lui-même dans l'austérité de sa pénitence, se croyant indigne d'être compté parmi les hommes. Mais cette victoire au milieu de l'ordure du péché ne concerne que les hommes que je ne veux point rejeter, parce qu'enfin après une vie criminelle ils m'ont recherché. Car je suis disposé à faire tout ce que veulent ceux qui ne me méprisent pas,

(1. Comme il va être dit plus bas.

qui écoutent mes reproches et me recherchent avec empressement (1).

7° *La grâce efficiente.*

Quant à ceux qui me rejettent par le mépris, ils sont morts, et je ne les connais
point. Il en est un grand nombre, en effet,
qui sentent ma présence par les remords, et
qui me fuient par l'habitude du péché qu'ils
commettent par pensées, par paroles et par

(1) Voici sur les moyens de la Justification ce que
dit le concile de Trente, en parlant des pécheurs :
« Ils sont préparés à la justice, lorsque pressés et
aidés de la grâce divine, ils conçoivent la Foi, par
l'entendement, et sont librement portés vers Dieu, pour
croire la vérité de tout ce qui est divinement révélé
et promis; et principalement ceci : Que l'impie est
justifié par la grâce de Dieu en vertu de la Rédemption
de Jésus-Christ. Puis, comprenant qu'ils sont pécheurs, ils redoutent la divine justice, dont ils sont
heureusement terrifiés, pour se jeter dans les bras de
la miséricorde de Dieu, et s'élever ainsi jusqu'à l'espérance que Dieu leur sera propice à cause de son
Fils. Ils commencent ensuite à l'aimer comme la
source de toute justice, et ils sont portés à la haine
et à la détestation du péché par cette pénitence qu'il
est nécessaire d'avoir avant le baptême; et ils se proposent de recevoir ce sacrement, et de commencer
une vie nouvelle, en observant les divins préceptes. »
Ce qui est dit du baptême s'applique également au
sacrement de Pénitence.

actions. Et c'est pourquoi ils sont réputés devant Dieu comme rien, comme un néant, parce qu'ils ne veulent pas réfléchir à ce que mon inspiration pourrait leur faire entreprendre. Mais je ne veux point participer à la souillure du péché de ceux qui ne veulent ni recevoir mes remontrances, ni se purifier par mon conseil en fuyant le péché, ni se nourrir de cette nourriture qui est la lecture de l'Evangile et qui doit rassasier tous les fidèles, ni goûter enfin la douceur qu'il renferme selon le don qu'ils ont reçu. Ils s'éloignent le plus vite qu'ils peuvent de ces impressions, parce qu'ils ne veulent ni voir, ni entendre, ni comprendre ce qu'ils doivent faire, lorsqu'ils sont poussés par l'attrait du bien. Telle est la conduite de ces hommes pervers qui fuient les commandements de Dieu, et qui, se roulant dans les sales passions qui leur donnent la mort, se cachent dans leur malice, ne voulant point sortir de la souillure du vice pour regarder la lumière. Je n'ai que faire de ces sortes de gens. Car je ne veux pas me partager çà et là dans la fange de la corruption.

8° *La grâce est gratuite, mais ne se prodigue pas.*

Et comment? Je veux être avec ceux qui me reçoivent dans une vraie pénitence. Là je veux bien me joindre à l'humaine fragilité pour la guérir. Quant à ceux qui ne veulent point m'entendre, je les rejette loin de moi, je ne veux point demeurer avec eux, je ne veux avoir avec eux aucun rapport, parce que dans leur sotte ignorance ils me négligent sans me comprendre ; et je ne veux point participer à une œuvre de mort qui s'obstine dans l'endurcissement de la perversité. Ceux qui me méprisent ainsi, suivent l'exemple de l'ange rebelle, qui, pouvant jouir de la vue de Dieu, a refusé de le contempler pour le connaître en toute soumission ; c'est pourquoi il a perdu tout à coup toute gloire céleste en tombant dans la mort au moment où il voulait s'assimiler à Dieu même en dignité. Ces gens me méprisent, parce qu'ils font le mal où les portent les désirs de la chair dans les plaisirs des sens. Et c'est parce qu'ils me méprisent qu'ils font ce qu'exige leur mauvaise volonté. Ils méprisent Dieu, et c'est ainsi qu'ils méprisent ses commandements. Aussi très-souvent je les laisse dans ma colère agir en pleine liberté, et réussir dans tout ce qu'ils veulent, parce que la vie de l'éternelle félicité les abandonne comme un néant. D'autres fois ils manquent autant des biens d'ici-bas que de ceux d'en haut, puisqu'ils ont le cœur dur et insensible au bien. J'abandonne donc le pécheur rebelle qui persévère dans sa malice, tandis que je vivifie celui qui fait un retour sur lui-même, et qui revient à moi de ses égarements dans ma crainte par une sincère pénitence.

9° La persévérance et l'impénitence finale.

Je suis la colonne du plus ferme appui, qui ne manque jamais à ceux qui y cherchent un refuge; car celui qui m'embrasse et s'unit intimement et fidèlement à moi, ne tombera point dans l'abîme. Pour celui qui me rejette de sa pensée, qui s'élève par orgueil au-dessus de moi, en se confiant plus en lui-même qu'en moi, qui rougit d'avoir confiance en moi, en comptant pour rien le secours de la grâce de Dieu, parce que je ne suis dans son esprit que le vent des tempêtes, qui me néglige dans le dédain d'une superbe arrogance que donne le désespoir, qui dit enfin, non point pour secouer le joug des offenses qu'il a commises, mais par orgueil et avec insulte : » Qu'est-ce que la grâce de Dieu ? « ah ! je le renverse dans sa ruine, et ne veux point le relever pour le salut, parce qu'il est déjà mort pour l'éternelle félicité. Il est même des pécheurs qui n'osent espérer qu'ils pourront se relever de la gravité de leurs chutes dans le péché, et qui s'éloignent ainsi du Dieu tout-puissant, en désespérant de sa grâce par une trop grande tristesse, comme s'ils ne pouvaient être sauvés à cause de l'énormité de leurs crimes ; ceux-là périssent rejetés de ma présence, et ils tombent amèrement dans la mort, cette mort des profondeurs de l'enfer dans le tourment d'une mort éternelle.

§ II. Exhortation aux justes.

1° *Ardeur de ces âmes à suivre les impressions de la grâce.*

Je parlerai maintenant de mes fils bien-aimés, qui m'ouvrent la sensibilité de leur âme, pour me recevoir de grand cœur et de toute la capacité de leur esprit; ils me touchent par leurs larmes et leurs gémissements,

et m'accueillent avec joie et toute la rectitude
de leur intention. O fleurs de mon parterre !
vous vous réjouissez de ma présence et moi
de même en vous. Plus doux et plus agréables pour moi que la possession des pierreries et des perles fines, que les hommes
recherchent avec une incroyable ardeur, ils
sont pour moi comme les pierres de taille
de la plus belle carrière ; et parce qu'ils sont
toujours précieux devant moi, je suis toujours à les polir, à les purifier, pour les placer d'équerre et convenablement dans la
Jérusalem céleste. Car ces hommes de bonne
volonté toujours rassasiés en esprit avec moi,
ont cependant toujours soif de ma justice.
Sitôt qu'ils me reconnaissent à ma manière
de frapper, ils accourent vers moi, comme
le cerf vers la fontaine d'eau vive.

2° *Les sécheresses.*

Mais, ces âmes, souvent je les abandonne
au point qu'elles se croient sans aucun secours, et je le fais afin que l'homme extérieur ne prédomine pas en elles par l'orgueil.
Alors elles se désolent, elles pleurent croyant
m'avoir offensé, mais j'en agis ainsi pour
éprouver leur fidélité. Je ne laisse pas de les
soutenir alors de ma main puissante, en-

levant en elles ainsi tout motif de présomption, ne leur permettant pas de voir leur état
dans le bien qu'elles ignorent; je veux re-
cueillir en elles de grands fruits, tandis que
leur esprit est abattu et leur cœur ulcéré de
douleur. Je permets souvent que les tentations du démon viennent les assaillir de
leurs flèches de feu, en leur inspirant les
ardeurs de la concupiscence dans un esprit de fornication, qui blessent seulement
leurs corps par l'infirmité de la fragilité humaine. Je ne souffre cela qu'afin qu'elles
soient plus pénétrées de l'inspiration du Saint-
Esprit, et qu'elles deviennent après par leurs
vertus de remarquables et ardents prédica-
teurs. C'est alors, en effet, qu'elles seront
comme l'or dans la fournaise, abreuvées
d'insultes et de colères, vivant sans considération, dépouillées le plus souvent de leurs
biens par des spoliations injustes, et au milieu des dissensions civiles déchirées par l'adversité comme des agneaux au milieu des
loups.

3° *Les persécutions.*

Mais de même que les brebis dispersées par le loup ne meurent pas pour cela, de même ces hommes ne meurent point de la mort de l'âme; ils sont au contraire pleins de vie étant purifiés par l'adversité. Pour qu'un arbre porte du fruit, on l'arrose, on le taille, on creuse tout autour, on ôte les chenilles qui pourraient dévorer son fruit. Qu'est-ce à dire? Que l'homme de bien se prête de grand cœur aux inspirations divines, qu'il recherche avec douceur tout ce qui est honnête, qu'il rejette le mal, qu'il examine avec soin toutes ses œuvres, et qu'il se garantisse des ravages de ses ennemis qui cherchent à lui nuire. Mais avant que l'homme fixe en moi sa pensée, que son intelligence comprenne en lui-même mes impressions : je suis pour lui l'extrême tige et la racine de toute séve abondante; je suis la vie, la force de cette inébranlable cité bâtie sur la pierre ferme.

4° *Vive exhortation à se rendre semblable à Dieu par sa grâce.*

Que tout homme fidèle écoute la parole que je lui adresse. Est-il convenable, ô mortel ! est-il raisonnable, qu'un homme ne se serve pas de son intelligence, qu'il soit comme un animal stupide, qui n'agit que d'après un vil instinct ? O misérable ! qui ne veut pas comprendre toute la gloire à laquelle Dieu l'a élevé en le rendant semblable à lui. Mais il ne peut pas entrer sous le sens que cet homme puisse librement et par un droit héréditaire se porter vers le mal selon ses désirs, comme si c'était une nécessité de la nature, lui qui ne veut pas considérer l'honneur qu'il a de pouvoir faire le bien. Dieu a tout établi dans un ordre parfait, et qui peut lui résister ? Que veut dire cette ressemblance ? Elle consiste en ce que l'homme peut être comparé à l'ordre même établi de Dieu soit pour la sagesse, soit pour la disposition qu'il apporte dans les choses de Dieu. D'où vient que nul ne veut se laisser ravir cette puissance de bien ou de mal faire ? Comment cela ? Ceux que je touche par ma grâce, et qui me reçoivent dès qu'ils me sentent approcher, ceux-là peuvent avec mon secours terminer le bien qu'ils ont la volonté de faire. Mais ceux qui me méprisent tombent dans la faiblesse et le malheur. Et alors ces hommes dépravés cherchent des excuses sur l'impuissance où ils sont de se bien conduire, et sur ce que l'homme extérieur pousse en eux la volonté vers la liberté (1).

Maintenant, ô vous, mes bien-aimés fils ! qui êtes pour moi plus suaves que tous les parfums, écoutez mes conseils. Tandis que vous avez la liberté de faire le bien ou le mal, rendez à votre Dieu le culte d'une dévotion sincère. O vous encore, mes très-chers enfants ! qui vous élevez comme l'aurore, qui devez vous enflammer dans la charité, com-

(1) Ainsi ceux qui se servent de leur liberté pour bien agir, conservent cette faculté de leur âme; mais ceux qui en usent pour suivre les mauvais penchants de la nature, la perdent dans l'impuissance où i's croient être de choisir le bien, tant ils sont captivés par l'entraînement de leur naturel. Or, n'ayant de liberté que pour le mal, c'est-à-dire, pour le péché qui est le néant, cette faculté est entièrement perdue pour eux; tandis que celui qui choisit le bien, c'est-à-dire la vie, jouit de toute sa liberté, en rejetant le mal, et étant dans l'ordre, ressemble par là-même à Dieu : c'est l'Évangile. *La vérité vous affranchira* (Jean, 7, 32.).

me le soleil à l'ardeur même de ses rayons, hâtez-vous de courir, mes bien-aimés ! dans la voie de la vérité, cette lumière du monde, dans la voie de Jésus-Christ, qui vers la fin des siècles a racheté l'univers, afin qu'après votre passage dans la vie, vous ayez le bonheur d'arriver jusqu'à lui.

II

Discours sur la Philosophie.

O insensés ! qui refusez de vivre en paix avec vous-mêmes, et dans la droiture, comme si vous n'aviez aucune notion du bien et du mal, ni de l'honneur qu'il y a à éviter le mal et à suivre les inspirations du bien, écoutez les paroles que vous adresse le Fils de Dieu (1).

1° *L'homme à son origine : D'où viens-tu ?*

O homme ! considère ce que tu étais dès ta conception dans le sein de ta mère. Quoi-

____

(1) On le voit, la fausse Philosophie est née du Protestantisme, puisque ce sont les mêmes paroles que la Sainte adresse aux Protestants, qu'elle adresse encore aux Philosophes.

que vivant, tu n'avais aucune connaissance,
aucun mouvement. Mais maintenant tu es
doué d'intelligence, de mouvement et de
sensibilité, afin que vivant tu te meuves, et
qu'en te mouvant tu saches profiter de ces
avantages. Ayant, en effet, la connaissance
du bien et du mal et la liberté d'action, tu
ne peux avoir d'excuse, comme si tu étais
privé de tous ces biens, par lesquels avec le
secours d'en haut tu peux aimer Dieu dans
la vérité et la justice, et résister à la concupiscence et aux attraits de l'iniquité ; de
manière à te mortifier dans ces passions
coupables, à honorer ainsi mon martyre, en
résistant au dedans de toi-même à ces mauvais penchants, et en portant ma croix dans
ton corps, c'est-à-dire, en réprimant tous
ces mauvais désirs qui t'inclinent vers le péché.

2° *L'homme dans sa jeunesse et l'âge mûr :*
Qui es-tu ?

Mais pourquoi as-tu reçu cette puissance
si grande d'éviter le mal et de faire le bien?
Tu vas répondre : « C'est la connaissance du
bien et du mal qui me fait comprendre que
je suis homme. » Eh ! tu méprises le bien,

tandis que tu suis le mal où t'entraînent les désirs de la chair! Le bien te paraît un joug onéreux, le mal est provoqué facilement en toi. Dans cet état tu ne veux te faire aucune violence pour éviter le péché. Que n'ai-je pas fait, lorsque j'ai souffert pour toi sur la croix dans l'infirmité de la chair, dans le trouble et les angoisses, moi le Fils de l'homme? C'est pour cela que j'exige de toi le martyre, que tu souffres en réprimant la volupté et les autres passions qui agitent ton cœur, qui sont contre ma volonté, toutes ces autres méchancetés qui en sont la suite et dont tu ne peux t'excuser, sans avoir la conscience de tes bonnes et de tes mauvaises actions. Ce c'est pas que je condamne l'union légitime de l'homme et de la femme, qui est d'institution divine pour multiplier les enfants d'Adam, lorsque cette union a pour but véritable la procréation des enfants et non le faux plaisir entre personnes à qui elle est permise, sous la condition d'observer la loi divine, entre personnes, dis-je, qui appartiennent au siècle, et qui ne s'en sont point retirées en esprit. Mais le bien qui vient de moi, tu dois l'aimer contre toi-même. C'est pourquoi tu dois aimer les hoses célestes, et fouler aux pieds les choses de la terre. Dans les bonnes œuvres je te montre la sublime récompense, et dans la volonté charnelle qui veut commettre l'injustice, je te montre mon martyre et les supplices que j'ai endurés pour toi, afin que tu résistes par amour de ma Passion aux désirs qui s'opposent à ma loi (1).

3° *L'homme à sa fin : Où vas-tu ?*

Tu as en toi beaucoup d'intelligence, on te demandera aussi beaucoup de fruits. On t'a donné beaucoup, on te redemandera beaucoup. Mais dans toutes ces choses je suis ton guide et ton secours. Car, si tu es touché de la vertu d'en haut, sitôt que tu m'auras invoqué, tu entendras ma réponse; si tu frappes à la porte, on t'ouvrira. Tu possèdes en toi-même tout ce qui est nécessaire pour la science profonde dont tu es doué. Et, à cause de ce qui est en toi, mes yeux scrutateurs iront pénétrer s'ils trouvent quelque chose au fond de ton cœur. C'est pourquoi je veux sonder dans ta conscience

(1) *Rachetant le temps parce que les jours sont mauvais.* Il faut racheter les plaisirs de la vie par la mortification et l'esprit de pénitence, et c'est ainsi qu'on observera le conseil que donne la Sainte, de ne se livrer qu'à regret aux joies du siècle (Ephès., 5, 16).

le brisement et la douleur, par laquelle tu réprimes à l'instant les mouvements de ton âme vers le péché. Et lorsque tu en es assailli au point que tu ne peux plus respirer, c'est alors que je te regarde. Que vas-tu faire? Si dans cette affliction tu m'invoques dans la contrition de ton cœur, les larmes aux yeux, au milieu des terreurs que t'inspirent mes jugements, et si tu persévères à me prier de venir à ton secours dans les combats que te livrent la chair et les démons, je ferai tout ce que tu désires, et je fixerai en toi ma demeure.

4° La fausse philosophie a détruit la semence de la parole de Dieu dans les cœurs, et l'interprète est chargé de répandre de nouveau cette semence.

Maintenant, ô mon fils, considère combien il faut de travail et de sueurs pour ensemencer un champ; mais, après qu'il est ensemencé, il rapporte. Vois donc et comprends ces choses. Est-ce que je refuse à la terre, et sans travail, le suc substantiel à ses productions? Mais, lorsqu'il me plaît, elle fournit des fruits en si grande quantité, que les hommes sont plus que suffisamment pourvus du nécessaire, et quelquefois même ils nagent dans l'abondance ; et, quand il me plaît aussi, la terre est tellement privée de ses fruits, que les hommes ont de la peine à vivre dans la famine, et périssent d'inanition Les hommes sont placés par moi dans un état semblable : celui qui reçoit dans de bonnes dispositions la semence de ma parole, est abondamment comblé dans une bonne terre des dons éminents du Saint-Esprit ; pour celui qui tantôt reçoit ma parole, tantôt la rejette, il est comme ce champ qui tantôt est verdoyant de fertilité tantôt aride de sécheresse. Cet homme ne périt pas toutefois, car, bien qu'il éprouve la faim dans son âme, il a encore quelque peu de verdeur. Mais celui-là est entièrement mort, qui n'a nul souci d'entendre ma parole, et qui ne veut en aucune façon se porter au bien, ni sous l'inspiration du Saint-Esprit, ni par les conseils de l'humaine sagesse.

5° *Impuissance de l'homme pour connaître les merveilles de la création par la philosophie.*

Cela t'étonne, et tu veux savoir, ô mortel ! la raison de ces choses.

Mais de même que tu ne peux fixer tes regards sur la divinité, tu ne pourras non plus par ta pensée pénétrer ses secrets, qu'autant que je te le permettrai. Car tu n'es qu'un esprit volage, qui change à chaque instant d'objet. Et de même que l'eau s'évapore à la chaleur d'un grand feu, de même ton esprit se laisse inconsidérément opprimer par l'inquiétude, en désirant connaître ce qui est caché à l'humaine faiblesse conçue de père en fils dans le péché. Lève ta main, touche les nuages. Comprends maintenant, si tu ne peux y parvenir, qu'il est aussi difficile à toi de sonder ce que tu ne dois pas connaître. Et de même que l'herbe des champs ne peut se faire une idée du sol qui la nourrit, parce qu'elle manque de sens et d'intelligence pour comprendre le bienfait de leurs productions, bien qu'elles remplissent et couronnent la campagne pour l'utilité de l'homme; de même que le moucheron, la fourmi ou les autres insectes ne désirent point dominer les autres animaux, qui leur sont semblables, et de savoir ou de comprendre la force et le caractère du lion et d'autres animaux plus grands; de même tu ne pourras atteindre à ce qui touche la science de Dieu (1). Où est ton œuvre? où étais-tu, lorsque le ciel et la

______

(1) Les botanistes, les anatomistes.

14

terre ont été créés ? Si le Créateur s'est passé de toi pour opérer ces merveilles, il s'en passera bien encore maintenant. Pourquoi vouloir scruter les jugements de Dieu, lorsque ton cœur est touché de la rosée de sa grâce ? Montre ce que tu sais faire dans le champ de ton cœur, et comment tu le cultives. Si ton travail me plaît, je te ferai produire, selon tes efforts, un fruit excellent qui ne perdra point sa récompense. Est-ce que je donne à la terre son fruit sans travail ? A toi non plus, ô mortel ! je n'accorde rien sans le secours que je t'impose ; car c'est ainsi que tu peux avoir en toi ce qui est nécessaire à ton travail. Applique-toi donc avec soin, et tu en recueilleras le fruit, et le fruit te procurera la récompense.

6° *Fausse direction de la philosophie pour atteindre la perfectibilité humaine.*

Mais qu'arrive-t-il ? Plusieurs me recherchent avec dévotion dans la pureté et la simplicité de leur cœur, et me conservent après m'avoir trouvé. D'autres, au contraire, ennemis de toute contrainte et les jouets de leur imagination, se portent vers moi tout en jouant et en s'amusant, ne voulant pas réfléchir d'avance sur ce qu'ils ont à faire

pour m'invoquer et réprimer les révoltes des
sens; ils prétendent m'atteindre, comme en
se réveillant d'un profond sommeil, embrassant, comme ils se l'imaginent dans leur
esprit d'illusion et d'erreur, la voie de la
perfection par un mouvement spontané. Les
uns prennent mon joug, en renonçant aux
occupations du siècle, les autres en vivant
dans l'abstinence, d'autres en embrassant la
virginité, présumant que tout ce qu'ils veulent leur est possible, sans voir quelle est
leur inclination ni ce dont ils sont capables,
sans considérer le Dieu qui les a formés ni
quelle est sa grandeur, Dieu qu'ils ne veulent posséder que pour l'asservir à tous leurs
caprices. Ainsi je ne ferai point part de ces
dons excellents pour les répandre sur le
champ inculte de cet homme, qui dans sa
vanité et sa profonde ignorance ne sait pas
qu'il est fait pour moi. De là vient qu'il tombera par de fréquentes chutes.

7° Impossibilité de parvenir à la perfection
par le raisonnement.

Je lui dis alors : Que n'as-tu jeté les yeux
sur ton cœur pour en arracher les plantes
inutiles, les chardons, les épines, en m'invo-
quant, en réfléchissant sur toi-même, avant

de m'aborder dans l'ignorance de toi-
même, comme un homme ivre, ou comme
un insensé? Car sans mon secours il est
impossible de t'appliquer aux œuvres de lumière. Avec cette précipitation qui t'a poussé
à me rechercher comme on poursuit un
rêve, lors qu'accablé d'ennui dans mon service tu te rappelleras ce songe, qui t'avait
auparavant bercé dans tes péchés d'habitude, tu retomberas dans tes premiers crimes, par l'ignorance trompeuse où tu seras
de la vertu, étant privé du secours et des
douceurs de l'Esprit consolateur. Quel est le
guide et le conseil que tu as pris dans tes
voies? c'est ton faux jugement qui t'a
trompé, qui t'a conduit imprudemment
dans l'aridité, absorbant toute la verdeur,
émoussant tous les sentiments de ton âme,
pour te faire oublier que sans moi tu ne
peux rien faire de bien.

8° *Confusion de la philosophie par ses
   œuvres. Puissance de l'inspiration divine.*

Et qu'y as-tu gagné? Ah! tu tombes mi-
sérablement et sans défense devant le peuple
et devant moi, pour être foulé aux pieds
comme une vaine poussière. Que peux-tu

faire contre moi? rien; et avec mon se-
cours? des œuvres de lumière plus éclatantes que la splendeur du soleil, plus dou-
ces à l'intérieur que le lait et le miel, lorsqu'elles seront manifestées devant tout un
peuple attentif. Si tu me recherches dans le
recueillement le plus profond de ton âme,
comme la Foi de ton baptême l'enseigne,
refuserai-je de t'accorder ce que tu désires?
Mais il en est plusieurs qui me recherchent
dans les soupirs et dans les larmes après
leur chute, et qui auraient dû le faire avant
que de tomber. Je ne laisse pas de leur
tendre la main, et je dis à chacun d'eux :
que ne m'as-tu cherché avant ta chute? Où
étais-je? où voulais-tu me prendre? T'ai-je
fui dans tes démarches pour me trouver?

9° *La vaine philosophie cherchant à découvrir les secrets de la nature, ne fait pas
éviter la damnation, au contraire elle y
précipite.*

Et je dis : Si tu t'arrêtais, ô mortel, devant
un pont élevé au-dessus d'un torrent profond et que dans ta vaine jactance et la
témérité de ton cœur (semblable à celle qui
t'a poussé en toutes choses à mépriser mon
secours comme inutile pour faire ce que

14*

dans ta pensée tu croyais possible), tu vinsses
à t'imaginer d'éviter ce passage pour te
précipiter dans l'onde, agirais-tu prudem-
ment? Si tu avais l'audace ou plutôt la folie
d'agir de la sorte, tu rendrais l'esprit dans
cette eau que Dieu a créée pour ton usage.
Mais non, tu ne le feras pas, tu reculeras de
frayeur à la vue de ce gouffre entr'ouvert
pour te donner la mort. Ou bien si tu voyais
couper un grand arbre prêt à tomber sur toi,
tu fuirais le danger d'être écrasé dans sa
chute. Ou encore, si tu apercevais des lions
ou des ours, venir à ta rencontre, ne te
cacherais-tu pas sous terre? Eh bien! si tu
sais fuir ainsi les maux de la vie corporelle,
pourquoi ne pas éviter l'horrible mort de
l'âme, en craignant ton Créateur? Tu as
bien vu, tu as bien appris qu'il est toujours
inutile de me résister; celui qui n'est pas
avec moi sera chassé, et celui sur qui je
tomberai sera brisé. Où étais-tu, lorsque le
ciel et la terre ont été créés, et tu les vois
employer leurs forces dans l'ordre de la
nature. Et toi, formé par le conseil de Dieu,
frappé de l'esprit de lumière et de vie, tu
méprises ses commandements! Quelle folie!
tu te sers de la créature, qui t'est assujettie,
pour mépriser ton Dieu! Tu foules la terre,

tu regardes le ciel, qui obéissent avec crainte à leur Créateur, et qui suivent ses ordres, ce que dans ton extrême démence tu refuses de faire, lorsque dans ta pensée ou par tes œuvres tu ne veux savoir ni comprendre ce qui convient à son culte. Or, si tu ne fais pénitence, l'enfer t'engloutira par un juste jugement, comme il a englouti dans son endurcissement celui qui a été précipité du ciel, et que tu imites. Cependant si tu es tombé, crie vers moi, cherche-moi sincèrement, et je te relèverai, je te recevrai.

10° *Le philosophe se relève avec l'interprète et par lui dans la vocation la plus sainte.*

Mais, ô mortel! souvent tu veux atteindre les choses sublimes, tandis que tu peux à peine comprendre les choses les plus basses. Ecoute-moi donc te dire : si, touché de mes conseils, tu as le désir de prendre sur toi mon joug dans le mépris des choses du siècle, et dans l'assujettissement de la chair, avant de commencer crie vers moi, persévère dans la prière, et je viendrai à ton aide. Si, touché de mes conseils, tu veux m'imiter, en me voyant moi le Fils de l'homme naître de la pureté virginale et intacte de ma mère, comme le lys que la terre produit d'elle-même, montre-moi le champ de ton cœur dans une grande humilité arrosé des larmes intérieures qui me parlent et me disent : « O Dieu ! mon Dieu ! je suis un indigne, qui n'ai pas en moi la possibilité de conserver ma virginité, si vous ne m'aidez, Seigneur ! car je suis entièrement coupable à l'approche de ces ardentes passions, qui fourmillent d'une multitude de misères, et qui me rappellent trop souvent ma fragile origine. C'est pourquoi je ne puis par mes propres forces me vaincre dans les douceurs que me propose la chair, moi qui suis une plante formée et élevée dans le péché. Donnez moi donc, ô Seigneur ! dans votre force cette grâce de feu, qui éteigne en moi ce foyer, cette fièvre de perversité, afin que dans les soupirs de la pénitence je boive de la fontaine d'eau vive, qui me fasse parvenir à la vie, moi qui ne suis que cendre et poussière, plus porté vers les œuvres de ténèbres que vers les œuvres de lumière. »

11° *Les sublimes bénédictions du beau règne.*

Si tu persévères dans la ferveur de ta prière, je prépare en toi ce champ qu'Isaac préparait à son fils Jacob, en disant : *Tes parfums, ô mon fils, sont comme les par-*

fums qu'exhale un champ rempli de sa moisson, que le Seigneur a béni (Genèse 27-27). Je vais de même bénir en toi le champ de ton cœur. Et, de même qu'Isaac poursuit en disant : *Sois le maître de tes frères, et que les fils de ta mère se courbent devant toi ;* tu deviendras de la même manière, devant le commun du peuple, toi aussi un illustre rejeton. Je sêmerai dans ce champ et les lis et les roses, et les autres ornements des vertus, et je ne cesserai de l'arroser au souffle du Saint-Esprit ; j'enlèverai de ce champ tout le mal, en arrachant ce qui le rendrait stérile, afin qu'y portant de tous côtés mes regards, je nourrisse toutes ces fleurs au milieu de la verdure de ce champ incorruptible. Cette œuvre m'appartient et vient de moi, mais tu ne peux la revendiquer, ô mortel ! comme si tu en étais l'auteur. C'est moi qui suis la fleur du champ, puisque de même que ce champ produit des fleurs sans culture, de même moi, le Fils de l'homme, je suis né miraculeusement d'une Vierge. C'est donc un don précieux qui vient de moi, et nullement de toi, puisque, conçu dans le péché, tu es né de la corruption dans le péché. Mais si tu me demandes ce don avec fidélité, tu l'obtieudras de moi dans ta confiance, et je ferai en sorte que devant mon Père tu aies quelque part à la virginité.

Mais tu ne pourras obtenir ce don, sans réprimer le feu qui te consume à cause de la fragilité de ta chair, parce que la faiblesse de la nature humaine se trahit en toi par des émotions que tu ne peux éviter, et que chair tu es né de la chair. Et c'est en ceci que tu dois porter ta croix et imiter mon martyre, en te faisant violence pour te vaincre par mon secours. Ce me sera un sacrifice agréable, parce que je te connais pour un vase fragile ; et je veux me communiquer à toi et compatir à tes douleurs. Si quelquefois tu viens à tomber, relève-toi par la pénitence dans l'amertume de ton cœur, et te relevant je te sauverai.

12° La fausse sagesse du siècle en morale comme en administration sociale.

Mais plusieurs trompés par Satan, et s'endurcissant dans le mal, croient être saints, lorsqu'ils se privent extérieurement des consolations d'une union légitime, et qu'ils ne font aucun cas de la circoncision du cœur ; s'entretenant avec frivolité dans de mauvaises pensées, ils n'évitent pas même par la circoncision de l'esprit les paroles et les actes mondains, ne voulant pas convenir que c'est une chose déshonnête, tenant seulement avec tiédeur à conserver leurs sens dans la chasteté, sans nullement observer la chasteté de l'esprit (1). Mais devant moi ce sont des indignes, parce qu'ils n'ont point vécu ni extérieurement ni intérieurement selon la justice de Dieu. Car ils ont non-seulement refusé de se conformer aux lois du mariage, mais encore, ce qui est plus que ce qui est prescrit par la loi, ils n'ont point gardé les règles de la prudence par amour de la virginité. Ils sont indignes de mes regards, je ne les connais pas. Je ne les ai point vu suivre le précepte de la loi, ni cette réserve qu'ils se sont volontairement imposés. Je les repousse de ma présence. Je les regarde comme une terre inculte qui ne produit que des ronces et des épines, et d'autres herbes parasites, impropres aux usages de l'homme. Vainement ces plantes sauvages se comparent aux roses et aux lis, aux autres fleurs ou aux simples, qui, soit par leur suc et leurs bons fruits, soit par leurs aromates sont utilement em-

(1) C'est bien notre siècle qui ose avouer qu'il n'est pas encore aussi volage que la cour de Louis XV.

ployés pour la médecine. Je les assimile
encore au cuivre jaune, qui paraît à l'extérieur avoir l'éclat de l'or, mais qui n'en a
que le faux et l'apparence vaine ; c'est de la
même manière que ces hommes paraissent
avoir pris pour modèle les vierges sages,
mais ils sont au dedans pleins d'hypocrisie
et d'indignités.

13° *L'indifférence en matière de religion.*

Aussi sont-ils devant moi comme ce
temps mou, qui n'a la force ni de réchauffer
ni de refroidir, parce qu'ils ne sont capables
ni de persévérer par l'ardeur du zèle dans les
privations du célibat qu'ils se sont imposées,
ni de se comporter sagement au milieu du
calme de la vie séculière pour traiter des
affaires du temps qu'ils se sont proposées.
Car ils ne pèchent point comme les publicains placés hors de la loi, ni comme ceux
qui sont infidèles dans la loi, mais se con-
solant dans leur tiédeur, ils n'aspirent pas à
la perfection de la justice, quoiqu'ils ne paraissent pas injustes. Mais de même qu'on
jette les petits des animaux immondes avant
qu'ils aient le sentiment de la vie, ou avant
qu'ils soient dans la force de l'âge, de même
ce peuple est rejeté pour la mort, parce qu'il

ne sait pas vivre de la vie de la grâce, et
qu'il ne saisit pas en lui-même la force des
vertus qui sont l'apanage de la sagesse. C'est
pourquoi je les repousse de mon cœur,
parce qu'ils sont indignes de mon attention,
s'ils persévèrent ainsi dans leur impénitence.

14° *Mission de l'interprète. Quel est le ta-*
lent qu'il faut faire valoir.

Quant à toi, réfléchis en toi-même, ô
mortel ! Si quelqu'un te confiait un trésor,
parce qu'il aurait pour toi l'amitié la plus
vive, s'il te disait : Fais-en ton profit, enri-
chis-toi, afin que de cette manière on sache
quel est celui qui t'a ainsi gratifié, ne pren-
drais-tu pas avec le plus grand soin tous les
moyens imaginables de faire fructifier ce talent ? Tu te dirais : Le trésor de ce bon
maître doit apparaître en moi au centuple,
afin qu'il en ait toute la gloire. Alors en
multipliant ainsi d'une manière utile ce
plantureux dépôt, la renommée ferait parvenir jusqu'aux oreilles de celui qui te l'a con-
fié la sagesse de ton administration ; il t'en
aimerait davantage et te ferait encore de
plus grandes largesses. C'est ainsi qu'en agit
envers toi ton Créateur. Il t'a donné dans

15

son ardent amour le précieux trésor de ta vive intelligence, parce que tu es sa créature, et il t'a recommandé par les paroles de la loi qu'il a établie, que tu fasses fructifier cette intelligence par de bonnes œuvres, et que tu en retires le fruit des vertus, de manière que ce bon maître soit par ce don précieux plus excellemment connu et béni. Tu dois donc à toute heure méditer sur les moyens de rendre cet excellent don, que tu as reçu, profitable à toi-même et aux autres pour les œuvres de justice, afin qu'il éclate en toi dans les splendeurs de la sainteté, et que les hommes, excités par ton bon exemple, exaltent aussi la gloire du Très-Haut. Si tu le fais valoir en toute justice avec humilité, l'honneur et l'action de grâces s'augmentent à proportion envers Dieu qui t'a inspiré ces vertus par le Saint-Esprit. Tu attires par là sur toi les regards de sa miséricorde ; et dans la douceur de son amour il te remplit de plus en plus abondamment des ardeurs de sa pure dilection ; ainsi, comblé des consolations du Saint-Esprit, tu parviens à discerner sagement tout ce qui est bien, tu fais des œuvres encore plus excellentes, glorifiant dans ton ardente ferveur le Père céleste qui a exercé envers toi cette munificence.

15° *Conclusion.*

Que mes brebis écoutent ces paroles, et
que chacune de celles qui comprennent le
souffle du Saint-Esprit conçoive en son
cœur que ces paroles ont du charme pour
moi, dès qu'elles donnent aux hommes qui
me connaissent et qui m'aiment l'intelligence de ce qu'ils ont à faire de ces dons du
Saint-Esprit.

FIN DE L'APPENDICE.

TABLE DE LA PLANCHE.

Inclinaison de 28 degrés figurant l'inclinaison de
    l'univers.

F : Aquilon.

Y : Cercle en E, Est et se perd vers N, Nord, en dessous de la figure dans l'abime, et vers O, Occident, en dessus de la figure graduellement à l'infini.

T : Tour des cinq Patriarchats; pentagone formant
une étoile au milieu de la ligne N E.

V : Colonne du Verbe aux angles aigus, dont l'un

    j : *Jésus*, tourné vers l'Est, touche l'édifice
en N, l'autre

    s : *le Saint-Esprit*, est dirigé vers le Nord,
l'autre

    p : *le Père*, vers le Midi, touche à peine l'édi-
fice; et cet angle resserré à son sommet
s'élargit au milieu.

    a : Mur arqué.

    g j : petits murs en forme de galeries.

Z : Rayon de lumière, qui part de l'angle s de la tour
V et vient se perdre à l'angle du midi de l'é-
difice M.

    h : Hénoch.

    é : Élie.

    i : L'Interprète.

    A : Abraham.

    n : Noé.

    J : Jacob.

    a' : Aaron.

m : Moïse.
G : Gédéon.
b : Jean-Baptiste sur un trône en pierre.
P : Saint Paul sur le mur.
T' : Colonne de la sainte Trinité.
I : Colonne de Jésus-Christ.
A : Tour du grand Pontife et du grand Monarque.
C : Sept colonnes.
    t : Les trois personnages : le grand Pontife, le grand Monarque et la femme qui le produit.
    h' : Hénoch.
    é' : Élie.
D : Sept degrés.

NOTA. S'il est dit 4ᵉ vision, 1ᵉʳ livre, p. 19, l. 13 et 14 qu'aucun ouvrage n'apparaît à l'occident, tandis que, d'après la planche, c'est à l'occident au contraire qu'apparaissent toutes les œuvres dans le temple, il n'y a pas en ceci contradiction. En effet, la lumière qui découvre l'histoire sur la partie occidentale du temple part de l'orient, tandis que le mur de l'orient reste dans l'obscurité, parce que le côté occidental, « tourné vers le siècle, » ne produit aucune lumière qui illumine la partie orientale du temple.

TABLE DES MOTS

TABLE DE CONCORDANCE

*Des textes de l'Écriture sainte que cite sainte
Hildegarde , ou auxquels elle fait allusion.*

Pulvis et cinis (Genèse, 18, 27). Préface.

Erunt docibiles Dei (Jean, 6, 45). *Id.*

Eructabo abscondita (Matth., 13, 35). *Id.*

Hortus irriguus (Is., 58, 11). Page 3, ligne 1.

Attingit a fine usque ad finem fortiter, et disponit omnia suaviter (Sag., 8, 1). P. 3, l. 9.

Misit in lacum iræ Dei magnum (Apoc., 14, 19). P. 3, n° 3.

Aperuit puteum abyssi (Apoc., 9, 2). P. 4, l. 2.

Qui enim habet, dabitur, qui autem non habet, et quod habet auferetur ab eo (Matth., 13, 12). P. 5, l. 3.

Deus enim illis manifestavit. Invisibilia enim ipsius à creaturà mundi, per ea quæ facta sunt intellecta, conspiciuntur : sempiterna quoque ejus virtus et divinitas , ità ut sint inexcusabiles (Rom. 1, 19, 20). P. 9, l. 1-6.

Et quatuor animalia singula eorum habebant alas senas et in circuitu et intus plena sunt oculis (Apoc., 4, 8). P. 9, n° 1. P. 122, n° 2.

De die autem illo vel horà nemo scit, neque Angeli in cœlo, neque Filius, nisi Pater (Marc, 13, 32). P. 9, n° 3.

Et dederunt ei vinum bibere cum felle mistum (Matth., 27, 34). P. 19, n° 2.

Continuò non acquievi carni et sanguini (Gal., 1 16). P. 27, l. 10.

Opera enim illorum sequuntur illos (Apoc., 14, 13). P. 30, l. 15.

Nunc ergò quid tentatis Deum, imponere jugum super cervices discipulorum, quod neque patres nostri, neque nos portare potuimus? (Act. 15, 10). P. 31, l. 15.

Sed usque in hodiernum diem, cùm legitur Moyses, velamen positum est super cor eorum. Cùm autem conversus fuerit ad Dominum, auferetur velâmen (2, Corinth., 3, 15, 16). P. 30, l. 2.

Ambulantibus in regione umbræ mortis lux orta est eis (Is., 9, 2). P. 42, l. 2-6.

Videte ergò quomodò audiatis (Luc. 8, 18). P. 46, l. 2.

Omnis ergò qui confitebitur me coram hominibus, confitebor et ego eum coram Patre meo qui in cœlis est (Matth., 10, 32). P. 46, l. 3-6.

De omni re quamcumque petiérint, fiet illis à Patre meo (Matth., 18, 19). P. 46, l, 11.

Nemo mittens manum ad aratrum, et respiciens retrò, aptus est regno Dei (Luc, 9, 62) P. 46, l. 13.

Vos facitis opera patris vestri... Vos ex patre diabolo estis, et desideria patris vestri vultis facere (Jean, 8, 41, 44). P. 46, l. 17-23.

Quia pulvis es, et in pulverem reverteris (Gen., 3, 19). P. 47, l. 3.

Hæc est mors secunda (Apoc., 20, 14). P. 47, l. 15.

Ipsi tanquam lapides vivi superœdificamini, domus spiritualis (1, Pierre, 2, 5). P. 47, l. 17-21.

Quæ est ista, quæ ascendit per desertum, sicut virgula fumi ex aromatibus myrrhæ, et thuris, et universi pulveris pigmentarii (C.C. 3, 6). P. 51, l. 3-10.

Ipse baptizabit vos in Spiritu sancto et igni (Luc, 3, 16). P. 51, l. 11.

Magister vester unus est Christus (Matth., 23, 10). P. 51, l 14.

Ipsa conteret caput tuum (Gen., 3, 15). P. 57, l. 21.

Mulier, ecce filius tuus,... fili, ecce mater tua (Jean, 19, 26). P. 58, no 1.

Comedite, amici, et bibite, et inebriamini, charissimi (C.C. 5, 1). P. 60, l. 14.

Et vidi unum de capitibus suis quasi occisum in mortem (Apoc. 13, 3). P. 64, no 2.

Et apprehendit draconem, serpentem antiquum, qui est diabolus et Satanas, et ligavit eum per annos mille (Apoc., 20, 2). P. 64 et 65, no 1. P. 190, l. 2.

Cum enim quietum silentium contineret omnia, et nox in suo cursu medium iter haberet, omnipotens sermo tuus de cœlo a regalibus sedibus durus debellator in mediam exterminii terram prosilivit (Sag., 18, 14, 15). P. 73, l. 5 et 75, l. 8-10.

Scientes quod... redempti estis... pretioso sanguine, quasi agni immaculati Christi et incontaminati : præcogniti ante mundi constitutionem, manifestati autem novissimis temporibus propter vos (1, Pierre, 1, 18, 19, 20). P. 73, l. 1-9.

Doce me facere voluntatem tuam (Ps. 142, 10). P. 74, l. 5-7.

Ecce pono in Sion lapidem summum angularem, electum, pretiosum; et qui crediderit in eum, non confundetur (1, Pierre, 2, 6). P. 76, l. 4.

Nihil enim ad perfectum adduxit lex (Héb., 7, 19). P. 79, l. 1.

Hoc enim sentite, quod et in Christo Jesu : qui cum in formâ Dei esset, non rapinam arbitratus est

esse se æqualem Deo : sed semetipsum exinanivit for-
mam servi accipiens, in similitudinem hominum factus, et habitu inventus ut homo (Philip., 2, 5-7).
P. 79, l. 6-9.

Fide Abraham... (Héb., 11, 1-12, 13). Juxtà fidem
defuncti sunt omnes isti, non acceptis repromissioni-
bus, sed à longe eas aspicientes, et salutantes, et con-
fitentes, quia peregrini et hospites sunt super terram
P. 79, l. 10-14. P. 170, l. 8-16.

Inebriabuntur ab ubertate domûs tuæ : et torrente
voluptatis tuæ potabis eos (Ps. 35, 9). P. 82, l. 9-16.
P. 148, l. 17-21.

Per viscera misericordiæ in quibus visitavit nos
Oriens ex alto (Luc, 1, 78). P. 84, l. 1-3.

Exivi à Patre, et veni in mundum : iterum relinquo
mundum, et vado ad Patrem (Jean, 16, 28). P. 86,
l. 4-6.

Omnis autem disciplina, in præsenti quidem non
esse gaudii, sed meroris . postea autem fructum pa-
catissimum exercitatis per eam reddet justitiæ (Héb.,
12, 11). P. 87, l. 14-19.

Hæc autem omnia in figura contingebant illis :
scripta sunt autem ad correptionem nostram, in quos
fines sanctorum devenerunt (1. Corinth., 10, 11).
P. 87, l. 20.

Renovamini autem spiritu mentis vestræ, et induite
novum hominem, qui secundum Deum creatus est in
justitia et sanctitate veritatis (Ephés., 4, 23, 24)
P. 92, l. 12.

Omnia per ipsum facta sunt : et sine ipso factum
est nihil, quod factum est (Jean, 1, 3). P. 87, l. 17.

Et de plenitudine ejus nos omnes accepimus, et
gratiam pro gratià (Jean, 1, 16). P. 95, l. 14-18.

Venite, et arguite me, dicit Dominus : si fuerint
peccata vestra ut coccinum, quasi nix dealbabuntur :

et si fuerint rubra quasi vermiculus, velut lana alba erunt (Is., 1, 18). P. 96, l. 1-5.

Rursum dimisit columbam ex arcâ. At illa venit ad eum ad vesperam, portans ramum olivæ virentibus foliis in ore suo (Gen., 8, 10, 11). P. 101, l. 2-4.

Ecce vicit leo de tribu Juda, radix David (Apoc., 5, 5). P. 101, l. 19.

Et sicut Moïses exaltavit serpentem in deserto : ita exaltari oportet Filium hominis (Jean, 3, 14). P. 101, l. 21.

Ne quis fornicator, aut profanus, ut Esaü : qui propter unam escam vendidit primitiva sua. Scitote enim quoniam et postea cupiens hæreditare benedictionem reprobatus est : non enim invenit pœnitentiæ locum, quanquam cum lacrymis inquisisset eam (Héb., 12, 16, 17). P. 102, l. 13-16.

Quid est quod tenes in manu tuâ ? Respondit : Virga, etc. (Exod., 4, 2-5). P. 103, l. 11.

Maledictus qui non permanet in sermonibus legis hujus, nec eos perficit; et dicet omnis populus : Amen (Deut. 27, 26). P. 103, l. 16.

Populus hic labiis me honorat : cor autem eorum longe est à me (Matth., 15, 8). P. 103, l, 17.

Incipiam te evomere ex ore meo (Apoc., 3, 16). P. 103, l, 18.

Ego autem in Domino gaudebo ; et exultabo in Deo Jesu meo (Habac., 3, 18). P. 105, l. 5-11.

Iterum simile est regnum cœlorum homini negotiatori quærenti bonas margaritas etc. (Matth., 13, 45, 46). P. 107, l. 3-7.

Excutite pulverem de pedibus vestris (Matth., 10, 14). P. 109, l. 2-9.

Delicta juventutis meæ et ignorantias meas ne memineris (Ps. 24, 7). P. 109, l. 10-13.

Subjecti igitur estote omni humanæ creaturæ propter Deum (1, Pierre, 2, 13). P. 109, l. 16-20; p. 110, l. 1-5.

Omnem palmitem in me non ferentem fructum, tollet eum, et omnem qui fert fructum, purgabit eum, ut fructum plus afferat (Jean, 5, 2). P 111.

Sic qui mel multum comedit, non est ei bonum : sic qui scrutator est majestatis, opprimetur à gloriâ (Prov. 25, 27). P. 112, l. 18-29; p. 113, l. 1-6.

Quæ est ista quæ progreditur quasi aurora consurgens, pulchra ut luna, electa ut sol, terribilis ut castrorum acies ordinata (C. C. 6, 9). P. 115, 1-5.

Viditque in somnis scalam stantem super terram, et cacumen illius tangens cœlum : Angelos quòque Dei ascendentes et descendentes per eam, et Dominum innixum scalæ (Gen., 28, 12, 13). P. 115, no 2.

Deus superbis resistit, humilibus autem dat gratiam (Jacob, 4, 6). P. 117, l. 6.

Qui spernit modica, paulatim decidet (Eccles., 19, 1). P. 117, l. 16.

Joseph autem vir ejus, cum esset justus, et nollet eam traducere, voluit occulto dimittere eam (Matth., 1, 19). P. 119, l. 16-19.

Diligam te, Domine, fortitudo mea, Dominus firmamentum meum, et refugium meum, et liberator meus : Deus meus adjutor meus et sperabo in eum. Protector meus, et cornu salutis meæ, et susceptor meus (Ps. 17, 2, 3). P. 121, l. 9-13.

Ostendam autem vobis quem timeatis : timete eum, qui postquàm occiderit, habet potestatem mittere in gehennam. Ita dico vobis, hunc timete (Luc, 12, 5). P. 122, l. 8-18.

Amen, amen dico tibi : cùm esses junior, cingebas te, et ambulabas ubi volebas : cùm autem senueris, extendes manus tuas, et alius te cinget, et ducet quo tu non vis (Jean, 21, 18). P. 123, no 3.

Benedictus Deus, et Pater Domini nostri Jesu-Christi, qui secundùm misericordiam suam magnam regeneravit nos in spem vivam , per resurrectionem Jesu Christi ex mortuis (1, Pierre, 1, 3). P. 123, nos 4 et 5.

Herodes... occidit... Jacobum fratrem Joannis gladio (Act., 12, 2). P. 123, no 6.

Ad te, Domine, levavi animam meam, Deus meus, in te confido, non erubescam (Ps. 24, 1, 2). P. 123, no 8.

Cum invenerit (ovem), imponit in humeros suos gaudens (Luc, 15, 5). P. 124, l. 12-15.

Erat ergo recumbens unus ex discipulis ejus in sinu Jesu, quem diligebat Jesus (Jean, 13, 23). P. 125 l. 12-15.

Nolite dare sanctum canibus : neque mittatis margaritas vestras ante porcos (Matth., 7, 6). P. 127, no 7.

Non enim quod volo bonum, hoc facio : sed quod nolo malum, hoc ago (Rom., 7, 19). P. 128, l. 10. 11.

Nam et in hoc ingemiscimus, habitationem nostram, quæ de cœlo est, superindui cupientes : si tamen vestiti, non nudi inveniamur (2, Corinth., 5, 2, 3). P. 132, l. 13, 14 ; p. 179, l. 13, 16.

Et ipse dixit ad eos : O stulti et tardi corde ad credendum in omnibus, quæ locuti sunt Prophetæ (Luc, 24, 25). P. 135, l. 1, 2.

Humiliamini sub potenti manu Dei, ut vos exaltet in tempore visitationis (1, Pierre, 5, 6). P. 135, l. 11-13, p. 204, l. 27.

Quod dico vobis in tenebris, dicite in lumine : et quod in aure auditis, prædicate super tecta (Matth., 10, 27). P. 138, l. 1, 2.

Et factum est prœlium magnum in cœlo. Michaël et Angeli ejus prællabantur cum dracone, et draco pugnabat et Angeli ejus : et non valuerunt (Apoc., 12, 7, 8). P. 138, l. 14-17.

Vos autem genus electum, regale sacerdotium, gens sancta, populus acquisitionis : ut virtutes annuntietis ejus, qui de tenebris vos vocavit in admirabile lumen suum (1, Pierre, 2, 9). P. 142, l. 5-16.

Filii hominum, usquequo gravi corde? Ut quid diligitis vanitatem, et quæritis mendacium ? (Ps. 4, 3). P. 144, l. 3-13.

Et in Sion firmata sum (Ecclés., 24, 15). P. 148, n° 1.

Fluctus feri maris, despumantes suas confusiones, sidera errantia : quibus procella tenebrarum servata est in æternum (Jud., 13). P. 148, l. 2-7.

Quemadmodum desiderat cervus ad fontes aquarum, ita desiderat anima mea ad te, Deus (Ps. 41, 2). P. 148, l. 10-13.

Si quis mihi ministrat, me sequatur : et ubi sum ego, illic et minister meus erit (Jean, 12, 26). P. 149, l. 13.

Et in omnes gentes primum oportet prædicari Evangelium regni (Marc, 13, 10). P. 150, l. 1.

Vincenti dabo edere de ligno vitæ (Apoc., 2, 7). P. 150, l. 8.

Non credentibus autem, lapis quem reprobaverunt ædificantes, hic factus est in caput anguli (1, Pierre, 2, 7). P. 152, l. 15.

Hoc autem judicium : quia lux venit in mundum, et dilexerunt homines magis tenebras, quam lucem : erant enim eorum mala opera (Jean, 3, 19). P. 153, l. 2-4. p. 222, l. 21, 22.

Et habet in vestimento, et in femore ejus scriptum : Rex regum, et Dominus dominantium (Apoc., 19, 16). P. 158, n° 2.

Omnes enim nos manifestari oportet ante tribunal

Christi, ut referat unusquisque propria corporis, prout gessit, sive bonum, sive malum (1 Corinth., 5, 10). P. 163, l. 3-5.

Ecce venit cum nubibus, et videbit eum omnis oculus, et qui eum pupugerunt (Apoc., 1, 7). P. 163, l. 12-16.

Simul rapiemur cum Christo in aera, et sic semper cum Domino erimus (1 Thess. 4, 16). P. 163, l. 20-22.

Venite, benedicti Patris mei, possidete paratum vobis regnum a constitutione mundi (Matth., 25, 34). P. 164, l. 1, 2.

Discedite à me, maledicti, in ignem æternum, qui paratus est diabolo, et angelis ejus (Matth., 25, 41). P. 164, l. 4.

Tunc justi fulgebunt sicut sol in regno Patris eorum (Matth., 13, 43). P. 164, l. 21, 22.

Ille erat lucerna ardens et lucens (Jean, 5, 35). P. 171, l. 2.

Vox clamantis in deserto : Parate viam Domini : rectas facite semitas ejus (Matth., 3, 3). P. 171, l. 8.

Amen quippe dico vobis, quia multi prophetæ et justi cupierunt videre quæ videtis, et non viderunt : et audire quæ auditis, et non audierunt (Matth., 13, 17). P. 171, l. 10-13.

Sicut lilium inter spinas, sic amica mea inter filias (C. C. 2, 2). P. 171, l. 15, 16).

Ite, ecce mitto vos sicut agnos inter lupos (Luc, 10, 3). P. 172, l. 7. P. 206, l. 22.

Christus autem assistens pontifex futurorum bonorum, per amplius et perfectius tabernaculum non manufactum, id est non hujus creationis... per proprium sanguinem introivit semel in sancta, æterna redemptione inventa (Héb., 9, 11, 12). P. 172, l. 10-12.

Si quis audierit vocem meam, et aperuerit mihi januam, intrabo ad illum, et cœnabo cum illo, et ipse mecum (Apoc., 3, 20). P. 173, l. 9.

Adducite vitulum saginatum, et occidite, et manducemus et epulemur (Luc, 15, 23), P. 173, l. 10.

Usquequo, Domine, non vindicas sanguinem nostrum.

Et dictum est illis, ut requiescerent adhuc tempus modicum, donec compleantur conservi eorum, et fratres eorum, qui interficiendi sunt sicut et illi (Apoc., 6, 10, 11). P. 173, l. 22, 23.

Inter templum et altare (2 Paral., 24, 22 ; Matth., 23, 35; Joël, 2, 17). P. 174, l. 4, 5.

Hi sequuntur Agnum , quocumque ierit (Apoc., 14, 4). P, 175, l. 4, 12.

Quæ non licet homini loqui (2 Corinth., 12, 14). P. 176, l. 10, 11.

Spiritus quidem promptus est, caro autem infirma (Marc, 14, 58). P. 176, l. 10, 14.

Inveni dragmam, quam perdideram (Luc, 15, 9). P. 182, l. 5.

Potens est enim Deus iterum inserere illos (Rom., 11, 23). P. 186, l. 14.

Sub arbore malo suscitavi te, ibi corrupta est mater tua (C. C. 8, 5). *Ibid*.

Induamur arma lucis (Rom., 13, 12). P. 185, l. 2, 3.

Ego mitto promissum Patris mei in vos (Luc 24, 49). P. 192, l. 16.

Juxtus ex fide vivit (Rom. 1, 17), P. 194, l, 5.

Meus est cibus, ut faciam voluntatem ejus, qui misit me, ut perficiam opus ejus (Jean, 4, 34). P. 196, l. 18.

Sicut enim exhibuistis membra vestra servire immunditiæ et iniquitati ad iniquitatem ; ita nunc exhi

bete membra vestra servire justitiæ in sanctificatio-
nem (Rom. 6, 19). P. 198, l. 3.

Substantia mea tanquam nihilum ante te (Ps. 38,
6). P. 200, l. 2.

Beati qui esuriunt et sitiunt justitiam (Matth., 5,
6). P. 204, l. 15.

Venter meus intremuit ad tactum ejus (C. C. 5, 4),
P. 204, l. 16.

Quemadmodum desiderat cervus ad fontes aquarum,
ite desiderat anima mea ad te, Deus (Ps. 41, 2).
P. 204, l. 17.

Tanquam aurum in fornace probavit eos (Sag., 3,
6). P. 205, l. 16.

In ipso vivimus movemur et simus (Act., 17, 28).
P. 210, l. 3.

Ego stigmata Domini Jesu in corpore meo porto
(Galat., 6, 17). P. 210, l. 16.

Omni autem, cui multum datum est, multum quæ-
retur ab eo (Luc, 12, 48). P. 212, l. 10.

Omnis enim qui petit, accipit : et qui quærit invenit : et pulsanti aperietur (Luc, 11, 10). P. 212,
l. 16.

Pater meus diliget eum, et ad eum veniemus, et
mansionem apud eum faciemus (Jean, 14, 23). P. 213,
l. 12.

Dante te illis colligent : aperiente te manum tuam,
omnia implebuntur bonitate. Avertente autem te fa-
ciem, turbabuntur : auferes spiritum eorum, et defi-
cient, et in pulverem suum revertentur (Ps. 103, 28,
29). P, 213, l. 24.

Ubi eras, quando ponebam fundamenta terræ (Job.
38, 4) P. P. 215, l. 25.

Qui non est mecum contra me est; et qui non col-
ligit mecum, dispergit (Luc, 11, 23). P. 220, l. 19.

Et qui ceciderit super lapidem istum, confringetur :

super quem vero ceciderit, conteret eum (Matth., 21, 44). P. 220, l. 20, 21.

Ecce odor filii mei sicut odor agri pleni, cui benedixit Dominus (Gen., 27, 27). P. 222, l. 26, 27.

Esto dominus fratrum tuorum, et incurventur ante te filii matris tuæ (Gen., 27, 29). P. 223, l. 5.

Quinque autem ex eis fatuæ, et quinque prudentes (Matth., 25, 2). P. 226, l. 4.

FIN DE LA TABLE DE CONCORDANCE.

TABLE DES MATIÈRES [1].

(1) Tous les titres sont de l'auteur, mais d'après les indications de la Sainte.

APPENDICE

SUR LA GRACE ET LA PHILOSOPHIE.

DISCOURS SUR LA GRACE.

§ 1. *Exhortation aux pécheurs.*

DISCOURS SUR LA PHILOSOPHIE.

FIN DE LA TABLE DES MATIÈRES.

ERRATA

—

Un cachet me fut apporté (P. 40, l. I). *Lisez* : me fut apposé.

En leur laissant cette lumière (P. 45, l. 16). *Lisez* : En leur laissant voir, etc.

Me dire (P. 58, l. 7). Il faut lire *mihi* et non *illi* dans le texte.

Le Seigneur Très-Haut (P. 59, l. 8). *Lisez* : le Seigneur Dieu Très-Haut.

Croissaient la force (P. 87, l. 8). *Lisez* : par la force.

Qui me remplissait de terreur (P. 91, l. 5). *Lisez* : qui me reprenant, me, etc.

Que son état m'empêchait (P. 99. l. 12). *Lisez* : que son éclat, etc.

L'autre image,... sur sa poitrine (P. 101, l. 19). *Lisez* : avait sur sa poitrine.

Au bonheur de ma grâce (P. 128, l. 7). *Lisez* : aux touches de etc.

Elle cria partout (P. 136, l. 7). *Lisez* : par tout l'édifice.

Une lame (P. 138, l. 8). *Lisez* : une lance.

Qui peut me suivre (P. 147, l. 17). *Lisez* : Qui peut me nuire.

Qu'ils ont entraînés (P. 172, l. 17). *Lisez* : Qu'ils ont enchaînés.

Il est dur de (P. 180, l. 7). *Lisez* : Il est trop dur de.

Parce que les brebis du Seigneur fuient la vie (P. 182, l. 1). *Lisez* : la brebis fuit.

beaux au point de vue typographique, trouveront ce qu'ils désirent dans notre édition en 12 *vol. in-8*, avec notes marginales, *à 5 fr. le volume.*

Ces deux éditions, absolument les mêmes quant aux matières, ne diffèrent que par le plus ou le moins de luxe typographique.

Prime extraordinaire.

Tout souscripteur à l'édition en 12 volumes in-8, qui nous enverra un mandat sur Paris ou la poste (de 60 fr.) recevra *gratis :*

1° Douze mois d'abonnement à la *Revue du Monde catholique.*

Tout souscripteur à l'édition en 12 volumes in-12, qui nous enverra 42 fr., recevra *gratis :*

1° L'ouvrage *franco;*

2° La *Revue du Monde catholique* pendant six mois.

Histoire du P. Ribadeneyra, disciple de saint Ignace, par le P. J. M. PRAT, de la Compagnie de Jésus. 1 fort volume in-8, avec portrait sur acier de Ribadeneyra (1862). Prix . . . . 5 fr.

L'ouvrage de P. J. M. Prat sur Ribadeneyra, publié cette année, a obtenu un rapide succès. Toute la presse religieuse s'en est occupée. On a loué le talent avec lequel était tracée la noble figure du cinquième successeur de saint Ignace, et le récit des travaux de ce célèbre général de l'Ordre, pour continuer et affermir l'œuvre du grand fondateur. Ribadeneyra, par ses emplois, ses missions, les vicissitudes de sa vie, a été, aussi bien que l'Ordre alors nouveau des Jésuites, mêlé à tant d'événements, que son histoire, ainsi établie, peut être regardée comme un tableau d'ensemble assez complet de l'histoire religieuse du xvie siècle. Donné en prix aux élèves, ce livre leur fournira de précieuses connaissances sur une partie importante de leurs études historiques, et il sera lu dans les familles avec intérêt et profit.

La Syrie et la Terre Sainte au xviie siècle, par le P. Joseph BESSON, de la Compagnie de Jésus, nouvelle édition, revue par un prêtre de la même Compagnie. 1 vol. in-8 (1862). Prix . . . 5 fr.

Vie des Saints *pour chaque jour de l'année,* par le P. GIRY, édition revue et augmentée par l'abbé Paul GUÉRIN.

 Édition en 1 beau vol. in-4. 12 fr. »
 — en 1 seul vol. in-4,
  cartonné . . . . 15 fr. »
 — en 2 volumes in-4,
  brochés et ornés de
  14 gravures. . . 20 fr. »
 — très-complète, en 12
  volumes in-12. . 42 fr. »
 — en 12 volumes in-8 . 60 fr. »

Rien d'aussi bon et d'aussi profitable que la lecture de la *Vie des Saints,* mais faut-il encore choisir l'auteur. Nous n'en connaissons pas de meilleure, au point de vue de l'onction, de la piété et de l'intérêt, que les différentes éditions de la VIE DES SAINTS, du *P. Giry,* données par l'Abbé Paul GUÉRIN, prêtre de l'Immaculée-Conception de Saint-Dizier!

Revue du monde catholique, THÉOLOGIE, PHILOSOPHIE, SCIENCES, BEAUX-ARTS, BIBLIOGRAPHIE, paraissant le 10 et le 25 de chaque mois, par livraison de 100 pages grand in-8°. Prix : 6 mois, 13 fr. ; un an, 24 francs.

La Collection forme 5 volumes. Prix 45 fr.